AF609687

LA MEILLEURE

DES

RÉPUBLIQUES

OUVRAGES DU MÊME AUTEUR

Chez DENTU, à PARIS.

LA NOUVELLE ATALA

SUIVIE D'UNE

NOUVELLE ÉDITION DE DAÏLA

Prix : 3 fr. 50 cent.

La *Nouvelle Atala* n'est point une imitation, comme ce titre pourrait le faire supposer d'abord. — Entre les critiques qui reprochent à M. Alciator d'avoir osé choisir un pareil titre et ceux qui affirment que son œuvre ne le cède en rien pour l'intérêt, et même pour le style, à l'*Atala* de Chateaubriand, lecteurs et lectrices ne peuvent avoir de meilleurs juges qu'eux-mêmes. Du reste, le succès de ce roman est déjà justifié, comme l'est depuis longtemps celui de *Daïla*, par les suffrages des écrivains les plus illustres.

L'ART DANS LA POÉSIE

Poème en trois chants

PRÉCÉDÉ

D'OBSERVATIONS CRITIQUES

Par M. BEAUMARCHAIS, professeur de l'Université,

ET D'UNE

APPRÉCIATION DE M. ÉMILE AUGIER

de l'Académie Française.

Troisième édition, prix : 60 cent.

B. ALCIATOR

LA MEILLEURE DES RÉPUBLIQUES

OU LE

BIEN-ÊTRE MATÉRIEL ET MORAL DES POPULATIONS LABORIEUSES

RÉALISÉ

1° Par une caisse officielle et universelle de prévoyance ;
2° Par le plus riche des budgets sans impôts ;
3° Par une vraie représentation nationale ;
4° Par l'éducation et la justice gratuites et par d'autres réformes importantes.

CE VOLUME CONTIENT EN OUTRE :

Éloge de Turgot. — Fragments du Génie de la philosophie. — La vérité sur Voltaire et J.-J. Rousseau. — Les bons Apôtres.

PRIX : 2 FRANCS

PARIS
CHEZ LES PRINCIPAUX LIBRAIRES

MARSEILLE
BELLUE, LIBRAIRE,
Rue Thiars, 1.
1871

LA MEILLEURE

DES

RÉPUBLIQUES

OU LE

BIEN-ÊTRE MATÉRIEL ET MORAL

DES POPULATIONS LABORIEUSES

RÉALISÉ

1° Par une caisse officielle et universelle de prévoyance ;
2° Par le plus riche des budgets sans impôts ;
3° Par une vraie représentation nationale ;
4° Par l'éducation et la justice gratuites et par d'autres réformes importantes.

L'auteur des pages (1) qu'on va lire est le même qui, en 1849, suggéra au gouvernement de la République la première idée des Caisses de retraites pour la vieillesse et des écoles professionnelles, — deux institutions bienfaisantes dont le second Empire

(1) Elles sont en grande partie extraites du *Seul vrai contrat social*, ouvrage inédit, qui est lui-même un fragment du *Génie de la philosophie*, dont nous avons publié le prospectus et dont la *Nouvelle Atala* est un épisode.

s'est attribué l'honneur. Ce très-court mémoire que le ministre des finances appelait *l'œuvre d'un bon citoyen*, un savant économiste, membre de l'Institut, l'apprécie en ces termes :

« Monsieur et cher compatriote, j'ai lu avec le « plus vif intérêt le mémoire que vous avez bien « voulu m'adresser et qui traite une des questions les « plus délicates et les plus difficiles du moment. Sur « beaucoup de points, sur presque tous, votre opi- « nion est conforme à la mienne, et je ne puis que « m'associer surtout à l'éloge si bien senti que vous « faites de notre maître à tous, le grand et immor- « tel Turgot. Peut-être aurais-je quelques objections « à élever sur les chiffres et les hyphothèses que » renferme votre projet de Caisses de secours et de « retraites; mais je ne veux pas opposer mémoire à « mémoire. J'aime mieux vous répéter combien j'ai « eu de plaisir à vous lire, et avec quel empresse- « ment je mettrai à profit ce que vos idées ont d'ap- « plicable aux souffrances des classes laborieuses.

« *Signé :* Louis RAYBAUD.

« Paris, 1er novembre 1849. »

Maintenant que le lecteur nous connaît, entrons en matière.

PREMIÈRE PARTIE

I

Quelle est la meilleure des Républiques ?

La meilleure des républiques est celle où la pensée et le travail sont libres, et où la propriété est respectée ; où le prix du travail de l'ouvrier et de l'ouvrière est équitable, c'est-à-dire proportionné à leur mérite et à leurs besoins ; où une caisse nationale de crédit, de secours et de retraites offre aux travailleurs invalides le nécessaire jusqu'à la fin de leurs vieux jours, et aux valides, peu favorisés de la fortune, les moyens de vivre à l'aise, de s'établir, ainsi qu'une gratification quotidieune en temps de chômage ; où la vie est à bon marché par suite d'une suppression radicale de l'impôt sur les subsistances ; où l'immense majorité des citoyens met en pratique le courage politique, civil et militaire ; où les élus du suffrage universel libre sont les vrais représentants du pays ; où les membres d'une dynastie quelconque sont inéligibles pour la députation ou la présidence suprême, et ne peuvent remplir aucune fonction publique ; où les emplois publics sont donnés au mérite, aux services rendus, jamais à la faveur ; où les magistrats administrateurs et les magistrats juges, ainsi que les conseillers municipaux et autres, sont électifs, et où la justice est gratuite ; où tout le monde est soldat jusqu'à un certain âge, et où les officiers de tous grades sont élus ; où l'instruction primaire, industrielle et commerciale est gratuite et obligatoire pour les travailleurs des deux sexes ; où l'éducation secondaire et supérieure a pour but principal de former des hommes religieux, de bons citoyens, amis de l'ordre et des lois ; où sont tolérés tous les cultes, mais non les congrégations enseignantes, et où l'Eglise est complètement séparée de l'Etat.

II

Liberté de la pensée et du travail. — Respect de la propriété. — Rémunération équitable pour les travailleurs.

La liberté est, pour tous les citoyens sans exception, l'usage des droits naturels de l'homme, consacrés et garantis par les lois. Nous l'avons définie dans les mêmes termes en 1849.

Elle ne saurait être le droit de tout penser, de tout dire et de tout faire : pourtant c'est un droit inaliénable, puisque nous le tenons de Dieu. Mais nous, qui voyons les choses de plus haut que les anarchistes, nous appelons liberté illimitée celle qui ne connaît point de limites dans le domaine de la justice. Si elle cesse où l'abus commence, elle n'est point limitée pour cela, car alors elle perd jusqu'à son nom en devenant *licence*, c'est-à-dire violation de la loi naturelle et des lois politiques et civiles qui en émanent.

Certains économistes ont jeté une grande confusion dans les esprits sur le droit et la liberté du travail, deux choses saintes, s'il en fut. Le *droit au travail* renferme implicitement celui d'exiger une indemnité pour l'ouvrage qui manque ; le *droit du travail*, au contraire, est le droit de vivre de cette vie intelligente, laborieuse et libre, qui ne souffre point d'entraves. C'est précisément parce que le travail est un droit, qu'il est un devoir. L'homme doit travailler parce qu'il doit vivre et faire vivre la société dont il est membre ; et il doit travailler librement, parce qu'aux yeux de sa conscience il n'a pas le mérite de l'accomplissement d'un devoir, lorsqu'il ne remplit pas ce devoir avec liberté. Voilà pourquoi le droit du travail est saint ; voilà pourquoi il tient lieu, en quelque sorte, de prière : *Qui laborat, orat.*

Une des lois fondamentales de l'ordre social, c'est le respect de la propriété : or, le prix du travail, n'est-ce pas une propriété, la plus sacrée de toutes ? Combien de mauvais riches ne la respectent pas, en refusant à l'ouvrier et à l'ouvrière une rémunération équitable, une nourriture suffisante ! — Maudits soient-ils ! C'est Jésus lui-même, le plus doux des hommes, qui appelle sur leur exécrable égoïsme la terrible justice de Dieu.

Dévots et dévotes au cœur de bronze, allez moins souvent à la messe et faites un peu plus de bien :

faites-en principalement aux personnes qui vous servent, qui travaillent pour vous; et quand vous leur imposez un surcroît de travail, payez-le; car, en ne le payant point, vous commettez un vol, oui, un véritable vol, d'autant plus criminel devant la justice divine que la loi des hommes ne peut vous atteindre. Au contraire, on vous estime, on vous honore, vous, les voleurs et les voleuses du pauvre! vous, les exploiteurs éhontés et lâches du perpétuel travail de l'ouvrier et de l'ouvrière, — nobles esclaves du devoir, réduits à souffrir et à pleurer en silence. Riches sans conscience et sans cœur, vous répondrez devant le grand Juge de tant de familles qui meurent de faim, de tant d'âmes honnêtes dont la vertu chancelle, de tant de jeunes filles qui se prostituent pour vivre, de tant de crimes que la misère, l'affreuse misère, fait commettre!

III

Projet d'une caisse officielle et universelle de prévoyance pour tous les travailleurs des deux sexes.

Améliorons le sort des travailleurs, ce *Tiers-État* des peuples qui se disent libres. Si la République ne le fait point, quel motif auront-ils de préférer cette forme de gouvernement aux monarchies où se payent les mêmes impôts et où règne la même égalité devant la loi?

Rien de plus facile que d'établir une Caisse officielle et universelle de crédit, de secours et de retraites, où seraient centralisées, pour le bien de tous, les petites économies quotidiennes de tous.

D'après le dernier recensement général, il y a en France plus de vingt millions de travailleurs des deux sexes, y compris les marchands et leurs employés, le personnel enseignant des écoles et des colléges, les administrations publiques et particulières. Le prix du travail est de deux francs par jour en moyenne, ce qui fait, en tout, quarante millions de francs : or, une faible retenue quotidienne de deux centimes et demi par franc donnerait, chaque année, trois cent soixante-cinq millions ; on obtiendrait en outre le double de cette somme avec une autre retenue quotidienne de dix centimes imposée aux chefs ou patrons par tête de vingt millions de travailleurs : total, *un milliard quatre-vingt-quinze millions de francs.*

L'expérience prouve que les rétributions volontaires ne peuvent se généraliser : il faut donc une retenue obligatoire, comme celle que l'on impose aux fonctionnaires publics. Elle serait faite par les chefs et versée mensuellement à l'une des succursales de la Caisse. Les petits artisans qui travaillent seuls la verseraient eux-mêmes.

La retenue obligatoire est un bienfait inappréciable au point de vue moral. Un des plus sûrs moyens, en effet, de moraliser les populations laborieuses, c'est de les rendre économes dans une juste mesure :

alors elles seront plus libres et plus dignes de l'être, — étant moins esclaves de la paresse, de l'ivrognerie, de la débauche, et de la misère qui en est la suite.

Quelle grande œuvre philanthropique et sociale que la nôtre ! — Qu'on en juge :

1° Le Mont-de-piété prête sur gages et réalise d'importants bénéfices : la Caisse nationale *prêtera sur le travail*, sans intérêts et à de longues échéances. Elle prêtera sur le travail, c'est-à-dire en proportion des profits mensuels du travailleur nécessiteux ; et afin qu'il ne puisse être inquiété en cas d'inexactitude dans le paiement, les effets souscrits ne seront point négociables.

2° Pendant la morte-saison, l'ouvrier honnête et reconnu pour tel obtiendra de la Caisse nationale un franc cinquante centimes par jour, s'il est seul ; et le double, s'il est marié. On ne négligera rien pour lui procurer de l'ouvrage.

3° Tel autre se marie et donne la preuve que sa conduite a toujours été digne d'éloges : aussitôt la Caisse nationale lui prêtera, sans intérêts, un millier de francs, s'il en a besoin. Le remboursement ne sera exigible que par vingtièmes et à des termes raisonnables, fixés à sa convenance. S'il a plus tard des enfants, on le tiendra quitte d'un dixième pour chacun d'eux ; et s'il vient à mourir, sa veuve ne devra rien, sauf la retenue obligatoire.

En cas de maladie, lui et sa famille seront soignés

gratuitement, quoique les honoraires des disciples du grand Hippocrate, le plus désintéressé des hommes, soient fort chers. Une simple réflexion à ce sujet : Pourquoi le législateur n'établirait-il point une taxe réglementaire et générale d'un franc par visite et par consultation ? Plus un médecin est habile, plus il s'honore par le désintéressement. Du reste, rien n'empêcherait le client qui est dans l'aisance de prouver sa gratitude par des honoraires supérieurs à la taxe.

4° Qu'une industrie, par suite d'événements malheureux et imprévus, soit gravement compromise : la Caisse nationale s'empressera d'ouvrir à son chef, — toujours sans intérêts, — un crédit de mille à cent mille francs, suivant *l'importance et les besoins clairement démontrés* de cette industrie. Le remboursement aura lieu par cinquièmes annuels; et le débiteur sera exact, pour mériter, au besoin, de nouvelles avances. Son matériel d'exploitation devra offrir, d'ailleurs, une garantie suffisante.

5° Enfin, la bienfaisante Caisse nationale, — dans le but d'assurer à tous une honnête aisance pour leurs vieux jours et d'exciter l'émulation de la jeunesse en lui offrant des positions plus ou moins brillantes à conquérir par son travail et sa bonne conduite, — couronnera son œuvre par le règlement que voici :

La retraite de tout travailleur des deux sexes, âgé de cinquante-neuf ans accomplis, sera obligatoire : il jouira d'une rente viagère de douze cents francs, s'il est seul, et de dix-huit cents francs, s'il a une famille à sa charge. — La même retraite sera imposée à tout chef d'une industrie ou d'une administration quelconque, et il jouira d'une rente viagère de trois mille francs, mais seulement dans le cas où il n'aurait qu'un revenu personnel inférieur à cette somme.

Les caisses d'épargnes, annexées désormais à la Caisse nationale officielle, continueront de recevoir les dépôts volontaires.

Ce n'est pas tout : ses prodigieuses ressources, — augmentées encore par les excédants annuels, — lui permettront d'établir une centaine d'écoles professionnelles gratuites d'industrie et d'agriculture pour l'un et l'autre sexe ; car il ne suffit pas de procurer aux populations laborieuses le bien-être matériel, la République leur doit aussi le bien-être moral, sans lequel l'homme ne saurait être véritablement heureux. Pour que l'ouvrier ait une éducation complète, c'est-à-dire pour qu'il devienne bon fils, bon père, bon époux, bon citoyen, et qu'il ne perde jamais de vue sa dignité d'homme, il faut le prendre à son berceau : il faut faire en sorte qu'il voie autour de lui des sourires, et non des pleurs ; qu'il entende des paroles d'amour, et non des cris de désespoir ; qu'il sente chaque jour les douceurs du bien-être, et non les angoisses de la faim. Il faut ensuite que, dès l'âge de dix ans, — à cet âge où son esprit et son cœur sont tout prêts à se purifier où à se corrompre, — la société le prenne sous sa protection et lui dise : « Tu es à moi maintenant ; je vais te donner, avec le pain du corps, celui de l'intelligence, qui est le véritable pain de vie ; je vais t'apprendre à aimer et à travailler ; je vais, en un mot, te rendre digne de devenir un homme, afin que tu sois un jour mon ferme appui, comme je suis le tien. »

Qu'on se hâte donc de créer un *Ministère du travail*, gérant suprême d'une Caisse nationale de crédit, de secours et de retraites, où seront centralisées les petites économies obligatoires de l'un et de l'autre sexe : tous béniront la République d'avoir produit, à si peu de frais, un bien immense.

IV

Le plus riche des budgets sans impôts.

Lorsque, voulant m'instruire dans la science qui, après la science religieuse et morale, honore et intéresse le plus l'humanité, je pris pour guides Turgot, Adam Smith, Malthus, Jean-Baptiste Say, John Stuart Mill et quelques autres, j'ai admiré leur génie, rendu hommage à leurs excellentes intentions ; mais j'ai reconnu l'insuffisance de leurs systèmes. Eux et leurs disciples n'ont pu empêcher ni guérir le mal toujours croissant qui, avant l'effroyable guerre actuelle, dévorait nos finances. Qu'en résultait-il ? Une langueur générale dans les affaires, muette et perpétuelle protestation contre les plus brillantes apparences de la fortune publique.

Les économistes qui préconisent la liberté absolue du commerce et de l'industrie n'ont pas tort ; mais ils ne soupçonnent même pas ce qu'elle doit être. Là est le grand secret de l'économie politique ; hors de là, tout n'est qu'illusion et déception : les États les plus favorisés de la nature aboutissent inévitablement à des charges écrasantes ou à une banqueroute. Ce grand secret de la richesse pour tous, qui consiste dans le logement et la nourriture à bon marché, n'était pourtant pas difficile à découvrir. De tous temps les vérités les plus simples naquirent indépendantes des efforts du génie et du long enfantement des siècles : c'est la chute d'une pomme qui révéla au plus grand astronome de l'Angleterre le principe de l'attraction universelle ; c'est un humble ouvrier, sans instruction, qui perfectionna les machines à vapeur, ce miracle de puissance des temps modernes.

Ils entendent bien mal le principe de la richesse, ceux qui veulent concilier deux choses inconciliables: l'impôt et le revenu. Un célèbre utopiste osa dire très-faussement : *La propriété, c'est le vol.* L'impôt mérite seul une pareille qualification : c'est un véritable vol que la nation se fait à elle-même, puisque c'est un capital improductif. Il a de plus l'inconvénient de rendre presque illusoire la liberté du commerce en frappant la marchandise de droits onéreux ; il gêne incessamment l'industrie dans la création de ses merveilles ; il est funeste à l'agriculture, qui ne se trouve pas même épargnée dans les choses essentielles à la vie. C'est toujours le pauvre qui en souffre. Pour comble de malheur, l'impôt est le premier coupable des criminelles sophistications que commettent, chaque jour, les empoisonneurs de la santé publique.

Pour prévenir toute objection, l'auteur ne dira que ceci : Son système financier choque les idées reçues ; mais qu'importe ! Le progrès n'est-il interdit qu'en matière de finances ? Pourquoi donc le Gouvernement n'achèterait-il pas de première main les choses indispensables à la vie de tous, pour les revendre à tous, saines et peu chères, par des pourvoyeurs spéciaux, institués dans ce but ? Nous avons des buralistes de tabac : — que les boulangers, les bouchers, les marchands de vin, soient quelque chose de plus utile encore ; qu'ils deviennent les buralistes salariés d'un *Ministère de l'alimentation publique* : ils n'auront plus aucun intérêt à frelater le pain et le vin, ni à nous vendre de mauvaise viande.

Voici donc le magnifique budget réalisable d'après notre système. Pour plus de simplicité et d'évidence, les produits moyens annuels vont être mis en nombres ronds, inférieurs à ceux des documents officiels (1). Les sommes indiquent le bénéfice net de vente par l'État :

(1) On peut consulter à ce sujet la *Statistique de la France* par Maurice Block, lauréat de l'Institut. Un esprit aussi obligeant que distingué, M. Joseph Mathieu, secrétaire général de la Chambre de commerce de Marseille, a bien voulu nous communiquer le résultat de ses recherches dans des documents beaucoup plus récents.

Pain : — Cinq milliards cent soixante-dix millions de kil. à cinq centimes........	F. 258,500,000
Son : — Uu milliard de kil. à dix centimes	100,000,000
Seigle, Avoine, Orge, Maïs, Méteil, Sarrasin } Ensemble huit milliards de kil. à dix centimes en moyenne..	800,000,000
Riz : — Cinquante millions de kil. à dix centimes..............................	5,000,000
Bœufs, Vaches, Veaux, Agneaux, Moutons, Porcs } Ensemble six cent soixante-huit millions de kil. à quinze centimes en moyenne...........	100,200,000
Peaux *brutes*, *fraîches* et *sèches*, *os* et *débris d'animaux*, d'une valeur totale de cinquante millions en moyenne, et qu'on abandonnerait aux bouchers avec profit brut pour eux de vingt pour cent : — Bénéfice de l'État.....................	40,000,000
Vin : — Cinq milliards de litres à cinq centimes en moyenne..................	250,000,000
Alcools divers : — Quatre-vingt-quinze millions de litres, à cinquante centimes en moyenne	47,500,000
Bière : — Sept cents millions de litres à vingt centimes en moyenne...........	140,000,000
Café : — Vingt-huit millions deux cent mille kil. à quarante cent. en moyenne.	11,280,000
Chocolat : — Quatre millions de kil. à cinquante centimes..................	2,000,000
Sucre *indigène, colonial* et *étranger* — Deux cent quatre-vingts millions à quarante centimes en moyenne............	112,000,000
Total des bénéfices de l'État.... F.	1,866,480,000

Ajoutons à ce total quatre cents millions, somme bien inférieure aux divers revenus qui n'ont aucun rapport avec l'impôt, — produit des domaines et forêts, des mines, des postes, des télégraphes, des poudres à feu, des tabacs, des travaux dans les prisons et autres établissements pénitentiaires, etc., etc., — nous aurons *pour minimum* ce magnifique budget des recettes : *Plus de deux milliards deux cent soixante millions de francs !...*

Notons bien que ce chiffre approximatif représente le *bénéfice net* de l'État, après avoir déduit les frais de toutes sortes, et même ceux du personnel d'un Ministère de l'alimentation publique remplaçant le département actuel des finances. L'impôt étant supprimé, ces frais seraient largement couverts par deux ou trois centimes de plus sur les céréales, la viande, le vin, la bière, et huit ou dix centimes sur les autres denrées. Alors la caisse d'amortissement cesserait d'être une fiction, puisqu'il y aurait chaque année un quart au moins d'excédant au budget des recettes.

Les trente ou quarante mille individus que comprend le service actuel des octrois et des douanes seraient acquis à l'industrie et à l'agriculture, qui manquent de bras depuis le commencement de la guerre actuelle.

Voici ce que coûterait le personnel des marchands au compte de l'Etat, y compris leurs garçons et la location des magasins :

En prenant pour base de notre calcul le décret du

1er novembre 1859, qui a fixé la proportion d'un boulanger sur 1800 habitants à Paris, et sur 1500 habitants dans les autres communes, nous en trouvons à peu près vingt-cinq mille dans toute la France. On établirait donc un même nombre de bouchers, de marchands de vin et bière, d'individus chargés spécialement de vendre céréales, café, chocolat et sucre : total cent mille, qui, à six mille francs par tête en moyenne, représenteraient une dépense de six cents millions. Une trentaine de millions de plus suffiraient au personnel du Ministère et à ses inspecteurs, contrôleurs, trésoriers communaux ou cantonnaux.

A ceux qui se plaindront d'un aussi utile monopole de vente, on peut répondre : Est-ce que l'impôt lui-même n'est pas un monopole? Est-ce que tout pouvoir exécutif, législatif, municipal, judiciaire, militaire, n'est pas aussi un monopole? Est-ce qu'il peut exister une société sans monopole ?

Quoi ! vous êtes écrasés d'impôts qui rendent fort cher tout ce qui est nécessaire à la vie : on vous démontre jusqu'à l'évidence, *par des chiffres*, que si l'État l'achetait de première main, ce nécessaire, pour nous le revendre ensuite, nous aurions les vivres à bien meilleur compte, — et vous criez au monopole, comme si ce monopole vraiment philanthropique n'était point mille fois préférable à l'autre! comme s'il n'était point le plus sûr garant de la liberté! oui, de la liberté, en délivrant pour jamais le commerce des liberticides entraves de l'octroi et de la douane.

Tout se réduit donc à une question bien simple : La vente à bon marché, *par l'intermédiaire exclusif de l'État*, du pain, du vin et des autres principaux objets de consommation, est-elle plus difficile que la vente du tabac ? Et si l'on obtient de la sorte un budget supérieur ou au moins égal à celui que donnent les impôts directs et indirects, ne serait-ce pas un acte politique et humain que de les supprimer ? Tout le monde serait heureux d'avoir à peu de frais une nourriture parfaitement saine. On fabriquerait le pain dans les meilleures conditions d'hygiène et de propreté. Le café en poudre et le chocolat se vendraient sans mélange. Quant au vin, chaque tonneau et chaque bouteille porteraient un signe distinctif, pour rendre toute sophistication impossible.

Les propriétaires, étant obligés désormais de ne vendre leurs denrées qu'à l'État, — à l'exception des cinquante ou soixante millions d'hectolitres de blé leur restant (1) après la fabrication générale et annuelle du pain, — n'auraient plus d'inquiétude à cet égard. Toutefois, pour éviter l'encombrement, leurs fournitures auraient lieu au fur et à mesure des demandes. Elles seraient payées tous les quinze jours par des trésoriers communaux ou cantonnaux.

(1) Il vaudrait encore mieux que l'Etat, dans le but très-sage d'approvisionner des magasins de réserve, prît tout le blé pour son compte, à part celui dont on a besoin pour les semences.

On abandonnerait aux communes les profits très-considérables de la vente du sel, du poisson frais et salé, des huiles et pâtes alimentaires, des légumes secs, des fruits secs, des pommes de terre, des liqueurs de toute espèce.

En prévision de la disette, on éviterait toute exportation imprudente. Dans chaque département, plusieurs magasins de réserve seraient approvisionnés pendant les années d'abondance.

Quelle heureuse solution du grand problème de la *vie à bon marché* ! Plus d'impôts, et l'État n'en sera que plus riche, et les vivres seront moitié moins chers, et le prix des loyers diminuera d'un tiers au moins. L'agriculture n'aura plus à craindre ni la surabondance sans débouché, ni la disette sans compensation; le commerce deviendra libre, entièrement libre, n'ayant plus à subir ni frais de douane, ni octrois, ni patentes; l'industrie fera des prodiges. Ce dévorant monopole de l'impôt, gouffre séculaire de tous les empires, je le remplace par un bienfaisant monopole, protecteur de la liberté absolue des transactions et perpétuellement productif.

Les meilleurs esprits conviennent d'ailleurs que l'impôt est un mal, un très-grand mal. On l'excuse en disant : C'est un mal nécessaire; pour gouverner, il faut des lois, et pour les faire respecter, il faut un budget. — Sans doute : mais l'impôt *n'est pas un mal nécessaire*, et nous le prouvons en lui substituant le plus grand bien qui soit jamais descendu parmi les hommes, depuis qu'ils vivent en société. L'idée est si belle, qu'il y a lieu d'être surpris qu'elle ne soit venue à personne. Il y a au fond de cette idée le bonheur et la paix du monde. Que la France donne l'exemple : il sera suivi par les autres nations avec enthousiasme, avec amour ; car notre plan d'économie politique est toute une loi d'amour : c'est l'union fraternelle des intérêts de tous, protégés et fécondés par la sollicitude vigilante et libérale de l'État.

V

De l'impôt le plus rationnel, le plus productif et le moins onéreux, si l'on ne croit point devoir mettre en pratique notre système DU PLUS RICHE DES BUDGETS SANS IMPÔTS.

Personne n'ignore combien il est difficile, en économie politique surtout, d'obtenir l'abandon des vieilles idées reçues, lors même qu'elles choquent le bon sens et froissent tous les intérêts. Mais si le Gouvernement de la République, par suite d'une conviction raisonnée et différente de la nôtre, n'adopte pas le système *du plus riche des budgets sans impôts*, il ne se refusera point sans doute à mettre une fraternelle justice dans le choix des matières imposables. Il atteindra ce but en n'imposant que le superflu, c'est-à-dire tout ce qui est un agrément plutôt qu'un besoin. Une étude approfondie de cette importante question lui prouvera que le budget des recettes ne serait pas moins considérable que le plus lourd de tous ceux dont nous a écrasés pendant dix-huit ans le dernier Empire. La seule chose qui distinguera le nouveau budget de tous les autres, — regardés malheureusement jusqu'à ce jour comme seuls productifs et praticables, — c'est la complète disparition de certains droits qui rendent beaucoup trop chers les vivres, les loyers et les vêtements des pauvres travailleurs. On réaliserait ainsi pour eux le bien-être matériel et moral, que nous avons si délicieusement rêvé en écrivant les deux chapitres précédents. Voici donc une nomenclature approximative des choses qui devraient être exclusivement imposées. Un tel impôt comprendrait trois choses : le droit de fabrication, le droit de vente, et le droit de possession. Afin d'éviter la fraude chez les marchands, une étiquette indiquant le prix serait obligatoire.

1° Tous les meubles qui ne sont pas en bois blanc ordinaire ; toutes les choses de luxe, même utiles, qui garnissent ou ornent une maison ou un appartement, telles que statues, tableaux, glaces, vases précieux et autres objets d'art ou d'agrément antiques et modernes, en verre, cristal, faïence, porcelaine, albâtre, marbre, cuivre, bronze, etc., etc. — Exception pour les statuettes et images communes dont le pauvre orne quelquefois sa demeure.

2° Tous les articles de quincaillerie qui affectent le luxe ou qui ne sont pas d'un usage indispensable.

3° La vaisselle et la lingerie de luxe, ainsi que tout service de table en argent ou en vermeil, argenté ou doré.

4° Les pierres précieuses vraies ou fausses, l'orfèvrerie et les bijoux de toute espèce, d'un métal quelconque, soit pur, soit argenté ou doré; la coutellerie de luxe et l'horlogerie, à l'exception des montres et pendules d'un prix inférieur à onze francs.

5° La tabletterie et la bimbeloterie, en un mot les jeux et jouets de toutes sortes pour les enfants et les grandes personnes : fortes contributions principalement sur les billards et les cartes à jouer.

6° Les friandises de toute espèce, truffes, gibier, gâteaux, pâtisseries, confiseries, sucreries et leurs bonbonnières grandes et petites; les sirops, les eaux-de-vie, les liqueurs et les vins étrangers.

7° Les postiches et fards de toute espèce; les parfumeries grasses, liquides ou en poudre; la savonnerie fine; les peignes et brosses de luxe; les chapeaux et bonnets de femme et leurs voiles; les éventails, les ombrelles, les châles et robes de fine laine ou de soie; les gants et les fourrures.

8° Les manteaux pour hommes et pour femmes, excepté ceux d'une étoffe grossière à l'usage des charretiers, des bergers et autres gens de la campagne.

9° Les chapeaux pour hommes et les chaussures des deux sexes, ainsi que les gilets de flanelle et les chemises, d'un prix supérieur à cinq francs; les bas d'un prix supérieur à deux francs; les cravates d'un prix supérieur à un franc ; les mouchoirs de poche d'un prix supérieur à douze francs la douzaine.

10° Les gilets, culottes et pantalons d'hommes d'un prix supérieur à six francs ; les habits, vestes, paletots, redingotes et autres vêtements du même genre, d'un prix supérieur à quinze francs.

11° Les dentelles et broderies de toute espèce, ainsi que les tapis et tapisseries de toutes sortes ; les paniers et corbeilles de luxe.

12° Toutes les soieries, laines fines et cotons fins en nature, ou en étoffes et tissus confectionnés ou non.

13° La reliure et tous les objets de luxe ou d'agrément qui se vendent dans une papeterie.

14° Les pipes d'un prix supérieur à dix centimes ; les ambres, les étuis de pipe et les porte-cigares ; les bourses de luxe et tous les porte-monnaies sans exception ; les cravaches, badines et cannes de toutes sortes, excepté la canne de l'infirme, de l'estropié et de l'aveugle. On exceptera aussi les simples baguettes et bâtons qui ne sont pas mis en vente.

15° Tous les chiens, excepté le chien du berger, le chien de garde à la campagne, le chien de l'aveugle.

16° Tous les chevaux et toutes les voitures qui ne servent d'habitude qu'à transporter les personnes, à l'exception des voitures et chevaux qui font un service public.

17° Toutes les armes, anciennes et modernes, qui ne sont qu'un objet de curiosité ou d'agrément.

18° Les maisons de luxe, c'est-à-dire celles qui

ont des sculptures, des lambris, une riche construction extérieure ou intérieure; celles en outre qui ont, par leur aspect et leur étendue, l'apparence d'un hôtel ou d'un palais.

19° Toutes les campagnes d'agrément qui ont des châteaux ou des maisons de plaisance, avec ou sans parcs et jardins.

20° Enfin, il y a des hommes pour lesquels l'impôt ne doit avoir aucun ménagement : ce sont les banquiers, les rentiers, les agents de change, et tous les agioteurs qui, riches des intérêts que rapporte leur argent, ne le rendent profitable ni à l'industrie ni à l'agriculture et ne font jamais le moindre crédit aux ouvriers pauvres et honnêtes. Les riches industriels et commerçants qui ont recours à eux, profitent seuls du crédit; car la perte qu'ils éprouvent fait augmenter leurs prix et n'est supportée que par ceux qui achètent : voilà pourquoi les capitalistes dont je parle sont les véritables sangsues de la fortune publique. Il est donc juste d'imposer largement leurs revenus, pour qu'ils rendent à la nation une partie au moins des biens immenses qu'ils lui prennent. — Prélevons aussi un impôt sur nos plaisirs, tels que bals, concerts, cafés chantants, représentations théâtrales, courses de chevaux, etc.

Autre observation importante :

Les hauts personnages salariés par l'État et beaucoup d'autres d'un rang moins élevé ont le logement et l'ameublement gratuits ; et quoique la plupart aient aussi *des meubles à eux*, ces meubles ne sont point imposés, sans doute : rien de plus absurde et de plus injuste, si cela est vrai. Est-ce que le petit fonctionnaire subalterne n'aurait pas plus de droit à une telle faveur, précisément parce qu'on ne le loge pas et qu'on le paye moins? Mais nous ne voulons de faveur pour personne et nous espérons qu'à l'avenir, ministres, préfets, sous-préfets, généraux, archevêques, évêques, etc., etc., subiront les justes conséquences de l'égalité devant l'impôt, c'est-à-dire devant la loi.

Le système que nous venons d'exposer produirait près de deux milliards et demi de recettes : ceux qui possèdent une statistique officielle peuvent en faire le calcul, en suivant la progression de dix à trente pour cent, d'après le plus ou moins d'utilité des choses pour le peuple travailleur en général. La viande et toutes les denrées alimentaires, n'étant plus imposables, subiraient forcément une diminution de prix satisfaisante.

Je dis *forcément*, et je m'explique :

L'expérience démontre que la suppression de certains impôts ne profite qu'aux marchands, et que la liberté de fixation des prix, loin d'établir une concurrence favorable au consommateur, établit le plus souvent une entente, réelle ou tacite, — qui le rend victime de l'égoïsme le plus rapace. Le prix du pain et de la viande, par exemple, diminue-t-il depuis que les boulangers et les bouchers sont affranchis de la taxe? A Lyon, l'octroi est supprimé d'urgence, et les pauvres travailleurs, en voyant qu'ils n'y gagnent rien, absolument rien, demandent avec une amère ironie à qui profite le *bienfaisant décret*. Si par hasard un abaissement de prix avait lieu, il serait dérisoire, et les vautours du peuple ne s'engraisseraient pas moins à ses dépens. N'est-ce pas une étrange manière d'entendre la liberté ? Dieu a fait l'homme libre ; mais il ne l'a pas fait libre d'être égoïste, libre de sacrifier le bien-être général à ses cupides et lâches convoitises.

Il faut donc une taxe : le sens commun l'exige autant que l'intérêt de tous. Il en faut une pour tous les objets de consommation, sans en excepter même les fruits, le café, le chocolat et le sucre ; il en faut une pour les médicaments, parce que beaucoup de pharmaciens (1) spéculent, avec des profits exorbitants, sur les impérieux besoins du malade qui souffre ; il en faut une aussi pour les loyers, parce qu'ils rendent six, huit, dix et jusqu'à vingt pour cent à la plupart des propriétaires, tandis que le meilleur champ de blé ou de vigne ne rend que le trois ou le quatre. Est-ce que le cinq sur les logements et le huit sur les magasins ne devraient pas leur suffire ? Qu'on le fixe donc par une loi, en prenant pour base la valeur de l'immeuble, *estimée*

(1) On tiendrait compte de leur extrême utilité, ainsi que des grands frais d'établissement et d'exercice de leur profession. La *pharmacie rationnelle* est la seule à Paris, je crois, dont les prix, en général, s'écartent peu d'une juste mesure.

d'après le cadastre. Tous ceux qui ont fraudé là-dessus pour payer une contribution moins forte, en subiront la conséquence, et ce sera justice. D'ailleurs, combien sont-ils, en France, sur trente-six millions d'habitants ? Six ou sept millions au plus (1) : il y a donc une immense majorité de citoyens, victimes du rapace égoïsme d'une minorité infime. Non, cela ne doit pas être, parce que cela n'est pas juste. Dès qu'il n'y a ni cœur ni conscience dans certains membres de cette grande et laborieuse famille qu'on appelle un peuple, une seule chose est à faire : c'est que le législateur lui-même pose équitablement la borne qu'il ne leur est point permis de franchir.

Des deux systèmes financiers qu'on vient de lire, l'un est excellent ; l'autre est, après lui, le meilleur possible. Que le Gouvernement de la République choisisse : il aura fait un pas immense dans le grand sillon du progrès humanitaire et social.

(1) Nous ne parlons ici que des propriétaires qui ont des maisons d'habitation.

DEUXIÈME PARTIE

I

Du courage politique, civil et militaire.

Quand les hommes voulurent se donner des lois et des chefs pour les faire exécuter, ils se dirent, — au moins implicitement : « L'union assurera notre repos : aimons-nous les uns les autres ; prêtons-nous un mutuel appui ; n'ayons qu'un même sentiment : l'amour de la famille, de la patrie et de l'humanité. »

Il résulte de ce pacte primitif que l'homme a des devoirs sociaux à remplir ; et en disant *l'homme*, je n'exclus point la femme, qui sera un jour l'ange gardien de la société, comme elle est celui de la famille.

Préférer l'intérêt général à l'intérêt personnel; le préférer, lors même que notre réputation, notre fortune et notre vie sont compromises, c'est en quoi consiste le courage politique, militaire et civil.

Qui n'admire un Boissy d'Anglas se découvrant avec respect devant la tête sanglante du député Féraud et imposant, par cet acte muet et sublime, aux assassins qui menaçaient sa propre tête ? — Voilà le courage politique.

Qui n'admire les héros républicains du *Vengeur*, sombrant au chant de la *Marseillaise* plutôt que de se rendre ? — Voilà le courage militaire.

Les ministres d'un culte quelconque ne peuvent eux-mêmes se croire dispensés de remplir les devoirs du citoyen. Vainement Louis XIV, cet impie révocateur de l'édit de Nantes, ordonne que l'éloquence évangélique soit protégée par les armes : le digne archevêque de Cambrai ose lui désobéir; il refuse de parler, avec cet appareil de guerre, au nom d'un Dieu de paix et d'amour. — Voilà le courage civil.

Ce trait de Fénelon nous rappelle que la noble république des lettres françaises eut aussi ses héros et ses martyrs, depuis le vieux Rotrou, qui, pour venir en aide à sa ville natale, décimée par une maladie contagieuse, affronta la mort, — et mourut, — jusqu'à ces jeunes et vaillants bardes républicains qui payèrent de leur sang le courage d'avoir parlé, quand toute bouche était muette devant la guillotine béante.

Mais quand ce sont des femmes ou de simples jeunes filles qui se dévouent, — une Jeanne d'Arc, une Jeanne Hachette, une Charlotte Corday, et tant d'autres, — alors l'admiration devient un culte : la postérité répète avec enthousiasme, avec amour, les noms de ces vaillantes libératrices, apparues à la patrie en danger comme des envoyées du ciel (1).

(1) Des ouvrières parisiennes de 30 à 40 ans se sont organisées en bataillon d'amazones pour marcher à l'ennemi et faire le même service que la garde mobile.

Nous sommes assiégés sans cesse par deux puissants ennemis, la cupidité et l'orgueil : la cupidité, qui fait briller l'or à nos yeux pour enchaîner notre conscience ; l'orgueil, qui cherche à nous séduire par l'appât des honneurs et du pouvoir. Un autre ennemi, non moins redoutable, met aussi quelquefois notre vertu en danger : c'est la crainte. Mais l'homme doué d'une âme intègre, généreuse et indépendante, déteste la cupidité, méprise l'orgueil, et reste inaccessible à la crainte. Qu'il soit citoyen d'une république ou forcé de vivre sous la verge d'un despote, partout il fera son devoir et se dévouera pour son pays. Ami éclairé des lois, il les respectera, si elles sont justes ; dans le cas contraire, il aura le courage de faire entendre la voix de la justice.

Mais gardons-nous de la fougue impétueuse, et presque toujours funeste, d'une aveugle témérité. Trois qualités distinguent le courage politique, le courage militaire et le courage civil : *Justice*, *Prudence*, *Désintéressement.*

1° Il doit être juste : — *Fais ce que dois, advienne que pourra*, telle est la vieille devise du bon citoyen. Nous avons cité d'héroïques exemples.

2° Il doit être prudent : — Le citoyen qui joint la prudence au courage ne s'expose jamais à prendre un parti extrême, sans avoir pesé le bien et le mal qui peuvent en résulter pour son pays. Un projet, quelque utile et juste qu'il soit, peut souvent compromettre en un jour, en une heure, — s'il est exécuté sans prudence, — tout l'avenir d'un peuple. Généralement on se laisse trop éblouir par le premier éclair d'une inspiration généreuse. Bien différents de ces anciens sages qui savaient honorer la vertu jusque dans leurs ennemis, des citoyens animés du même patriotisme se calomnient ou s'égorgent entre eux, au lieu de s'aimer et de se respecter comme des frères, et on les voit réduits, même après la victoire, à pleurer sur les conséquences de leur barbare courage. Il n'y a de joyeuse alors que l'ambition satisfaite ; la cruelle n'a jamais de remords : elle contemple avec orgueil, ou avec indifférence, les dupes qu'elle a su faire ou les victimes que sa main a frappées.

3° Il doit être désintéressé : — Un citoyen courageux, prudent, mais plus soucieux de son intérêt personnel que de celui de son pays, est toujours prêt à sacrifier, sous le masque du patriotisme, ce qu'il y a de plus sacré à son intérêt ou à son ambition. Quelle reconnaissance lui doit la patrie ? Lors même qu'il prend les armes pour la défendre, il n'agit qu'en égoïste : un tel homme est un mauvais citoyen. Dès que la soif des richesses et des honneurs est le premier mobile de nos actes dans la vie publique, il n'y a plus que l'hypocrisie du dévoûment, que l'hypocrisie du courage. Cette hypocrisie n'est souvent que trahison : qu'on y prenne garde !

Justice, *Prudence*, *Désintéressement*, forment donc ensemble le vrai caractère du courage politique, militaire et civil. L'État le plus libre, ou le plus digne de l'être, est celui qui renferme un plus grand nombre de citoyens doués de ce noble courage, et de tels citoyens sont en plus grand nombre là où l'éducation est tout à la fois religieuse et républicaine.

Heureux les hommes et les femmes de cœur qu'il a rendus immortels ! Mais plus heureux mille fois, et surtout plus grands devant Dieu, sont les obscurs martyrs du devoir qui bravent stoïquement la mort sans souci de l'immortalité. Dans les malheurs publics, les héros les plus dignes d'admiration ne sont pas toujours ceux dont l'histoire garde le souvenir : à côté des Belsunce et des chevalier Roze, combien se dévouèrent, avec un courage plus sublime peut-être, et qui sont, ou à peine connus, ou complètement ignorés ! Voilà pourquoi toute vertu s'incline, par exemple, devant celle des religieuses de nos hôpitaux, ces modestes héroïnes du dévouement de toute une vie, de tous les instants. C'est d'elles surtout que l'on peut dire : elles passent sur la terre, ignorées et faisant le bien.

Ces douces filles du doux fils de Marie nous ont inspiré, à nous *déiste*, un petit poème, que d'aimables et pieuses chrétiennes liront peut-être avec intérêt. Nous ne parlons pas des chrétiens : il y en a si peu, même parmi les prêtres ! — Qaunt aux hommes d'État et aux publicistes, qu'ils veuillent bien passer outre, car nous avons encore des choses neuves et utiles à leur dire.

LES ANGES DE LA TERRE

—

Un Ange du ciel, curieux
De voir les Anges de la terre,
Dirigea son vol radieux
Vers une cime solitaire.

De là, grâce à cet œil perçant
Dont regarde un esprit céleste,
Il vit un tableau saisissant
Du peu de vertu qui nous reste.

« Où suis-je, hélas ! s'écria-t-il :
« Que de vices ! que de misères !
« Et, pour tromper, quel art subtil !
« Sont-ce là des peuples de frères ? »

Il cherche, il cherche, et trouve enfin
Une humble fille en robe noire :
Sur son front, blanc voile de lin ;
Sur sa poitrine, un Christ d'ivoire.

« Ma sœur, — lui dit-il d'une voix
Plus douce que la douce brise
Qui caresse, au printemps, les bois, —
« Ineffable était ma surprise

« En te voyant venir vers moi :
« Ebloui de ta beauté pure,
« Foi d'Ange, je devine en toi
« Un autre Ange sous cette bure.

« Non, tu n'es point de ces mortels
« Qui traînent leur vie éphémère,
« Ivres de plaisirs sensuels
« Dont la coupe est toujours amère.

« — Je suis la dernière d'entre eux ;
« De tous je suis l'humble servante.
« Dans les soins dus aux malheureux
« J'aspire à devenir savante.

« Grâce à Jésus, mon doux Sauveur,
« Je n'eus jamais d'autre science :
« De la charité le bonheur
« Suffit à mon intelligence.

« Aussi quittai-je sans regret
« Mes parents, toute jeune fille,
« Pour aller servir en secret
« Du bon Dieu la grande famille.

« De l'homme je sais tout le prix :
« Ceux qu'on traite de pauvres hères,
« Sont les membres de Jésus-Christ :
« Je les aime comme des frères. »

✠

D'amour il se sent transporté :
Alors se dévoile à sa vue
Maint miracle de charité
Dont l'héroïne est inconnue ;

Des Sœurs nul fléau dévorant
Ne peut désarmer le courage.
— Ému d'un spectacle si grand,
L'Ange inonde son beau visage

De ses larmes, puis vers le ciel
Remonte, éclatant de lumière.
Il chantait : « Gloire à l'Eternel !
« J'ai vu les Anges de la terre. »

II

Réfutation de Pascal sur la véritable grandeur de l'homme. — Réfutation de Jean-Jacques Rousseau sur l'origine de la propriété et sur l'ordre social. — Réfutation de Montesquieu sur les lois en général, et sur le ressort des gouvernements.

Avant d'aborder l'étude si difficile des lois fondamentales de l'ordre social, j'ai dû m'étendre un peu sur les principaux devoirs du citoyen : car lorsque, pour la première fois, les hommes voulurent vivre en corps de peuple, on aurait eu raison de leur demander s'ils possédaient les vertus qui seules peuvent rendre une société heureuse, qui seules caractérisent ce que nous appelons le courage politique, militaire et civil.

Mais que les démocrates athées le sachent bien : avec tous leurs subtils raisonnements, ils ne prouveront jamais que la vie ne naît point de la vie et que l'*Être* intelligent et libre, placé par l'invincible logique au sommet de l'échelle des êtres, *n'est pas*. Ils prouveront encore moins que, sans la croyance à l'immortalité de l'âme, l'homme *doit* se dévouer, avec une complète abnégation, à sa famille, à sa patrie, à l'humanité : or, l'intérêt personnel, c'est l'égoïsme ; c'est le foyer impur où germent tous les vices, où s'allument toutes les passions, où se préparent tous les crimes. Sans doute il y a des athées vertueux sans intérêt et sans ostentation ; mais ce sont des originaux tellement rares qu'ils ne comptent pas : n'en parlons plus, et disons hautement, avec l'autorité séculaire de la raison et de l'expérience, qu'une société sans Dieu est impossible.

« Quand l'univers l'écraserait, dit Pascal, l'homme
« serait encore plus noble que ce qui le tue, parce
« qu'il sait qu'il meurt ; et l'avantage que l'univers
« a sur lui, l'univers n'en sait rien. »

J'en demande pardon aux admirateurs de cette fameuse phrase, la pensée n'est pas juste ; ou plutôt elle ne l'est qu'à demi, et c'est la meilleure moitié qui manque. Pour me faire mieux comprendre, je pose une simple question : Que serait un être intelligent et libre, s'il n'aimait pas ? Le mérite est-il dans le pouvoir de faire le bien, ou dans le bien lui-même ? Donc la véritable grandeur de l'homme est dans l'*amour*, et la phrase de Pascal serait plus juste, s'il eût dit :

« Quand l'univers l'écraserait, l'homme serait encore plus noble que ce qui le tue, parce qu'il est *capable d'aimer*, et que l'univers *ne pense même pas.* »

Cette pensée-là est vraiment sublime, parce qu'elle est vraiment digne de l'homme : l'autre n'est qu'orgueilleuse (1).

Maintenant on reconnaîtra tout de suite combien est erronée l'assertion non moins fameuse de J.-J. Rousseau :

« Le premier qui, ayant enclos un terrain, s'avisa « de dire, *ceci est à moi,* et trouva des gens assez

(1) Cette réfutation de la pensée de Pascal est un peu plus développée dans notre ouvrage inédit qui a pour titre : *La Vérité sur J.-J. Rousseau,* et qui paraîtra peut-être prochainement à Genève.

C'est une étude, aussi impartiale qu'approfondie : elle confond les calomniateurs, volontaires ou ignorants, de l'illustre philosophe, — sans en excepter MM. Villemain et Saint-Marc-Girardin eux-mêmes, — le justifie complètement des prétendues contradictions qu'on lui reproche, et donne de ses œuvres, non moins remarquables par leur unité de principes que par leur éloquence, une *idée vraie,* que l'on n'a jamais eue jusqu'à ce jour.

« simples pour le croire, fut le vrai fondateur de la « société civile. »

D'où l'on peut conclure avec Proudhon : *La propriété c'est le vol*, et par conséquent l'ordre social n'existe que par le droit du plus fort. C'était l'unique droit du premier qui osa prendre *seul* possession d'un champ. Mais comme la force n'est pas la justice, puisqu'elle révolte la libre raison humaine, nous pouvons affirmer ceci :

Quand deux, trois, quatre individus, et plus, vinrent les premiers dans un champ et se dirent : *Partageons-le et vivons en frères, ou bien qu'il nous soit commun à tous ;* ceux-là le possédaient légitimement en vertu du droit sacré de l'amour ; et lorsque d'autres, plus forts, le leur ravirent, ils furent coupables de la première violation du droit de propriété. Cela est si vrai, que tous les États du monde existent à la condition implicite, imposée par la loi naturelle, que leurs membres s'aimeront et se respecteront les uns les autres. Pourquoi tant de peuples ne sont-ils pas libres ? Pourquoi sont-ils sujets aux guerres, aux troubles, aux révolutions ? C'est parce qu'on a donné la force et l'intérêt pour bases à tous les droits nationaux et internationaux. L'égoïsme, telle est donc la cause unique de l'inégalité illégitime parmi les hommes. Quant à l'inégalité légitime, qui, au fond, est l'égalité devant la loi, et qui a pour causes principales les différences d'aptitude, elle est, après l'amour, la plus essentielle condition du maintien de l'ordre social.

Donc les lois ne sont point, comme l'affirme Montesquieu, *les rapports nécessaires qui dérivent de la nature des choses.* Ne dit-on pas tous les jours que les choses et leurs rapports existent en vertu de certaines lois ? Les rapports des mondes entre eux, par exemple, et leurs mouvements de rotation régulière dans l'espace, n'existent-ils pas en vertu d'une loi, qui est la force de l'attraction universelle, et peut-elle exister elle-même, cette force, sans l'*Être fort* qui la produit ? — Tel est l'ordre moral.

Donc *les lois sont les conditions nécessaires de l'existence des choses et de leurs rapports entre elles :* ce qui est bien différent.

Tous les jurisconsultes ont très-mal ou très-incomplètement défini le *droit*, qui est une prétention fondée sur la loi naturelle, et le *devoir*, qui est l'obligation d'agir selon notre conscience, où elle est écrite, pour ainsi dire. Ils confondent la loi et le droit absolus, inaliénables, avec les lois humaines, les droits humains, si souvent injustes : or, l'injustice, consentie même avec serment, n'oblige jamais.

Une seule loi oblige : *l'amour*, qui, au fond, est la justice, et domine tous les intérêts. Donc il n'y a d'intérêts légitimes que ceux qui ne portent nulle atteinte au droit par excellence : le droit sacré de l'amour. Cette loi et ce droit primordiaux se nomment : *loi naturelle, droit naturel.*

« L'ordre social, dit Jean-Jacques Rousseau, est
« un droit sacré qui sert de base à tous les autres.
« Cependant ce droit ne vient pas de la nature : il
« est donc fondé sur des conventions. »

Comment l'ordre social peut-il être confondu avec le droit, qui seul lui sert de base, qui seul s'appuie sur la loi naturelle, condition nécessaire de l'existence de toute société humaine? Et peut-on dire que ce droit ne vient pas de la nature? La loi suprême de tout être pensant et libre étant l'amour, son droit est d'être aimé, comme son devoir est d'aimer : or, quoi de plus *naturel*? — Il vient donc de la nature, ce droit qui sert de base à l'ordre social, et c'est de lui que découlent, comme d'une source commune, tous les droits vraiment légitimes.

Montesquieu n'a pas moins tort de dire que la crainte est le ressort du gouvernement despotique, et l'honneur, celui de la monarchie tempérée. Est-ce qu'un gouvernement paternel n'est pas plus stable qu'un gouvernement cruel? Quant à l'*honneur*, le gentilhomme bordelais oublie de nous dire ce qu'il entend par là. Dans sa pensée, l'honneur distingue surtout la noblesse, cette caste orgueilleuse et insolente qui inventa le mot *roture*, pour qualifier tout ce qui n'était pas elle. Mais l'honneur fut pour elle un intérêt de caste, et rien de plus. Cet intérêt le voici : être égoïstement fidèle à soi-même en restant fidèle au souverain, appui de la noblesse, et ne déroger jamais. — *Déroger!* voilà encore un de ces mots qui insultent à la dignité de l'homme. — Loin d'être un ressort du gouvernement monarchique, l'honneur, comme l'entend Montesquieu, en est la dissolution, puisqu'il fomente entre nobles et roturiers des haines séculaires, des discordes sourdes et incessantes, qui aboutissent tôt ou tard à d'effroyables cataclysmes sociaux : témoin la géante révolution de 89.

La vertu républicaine consiste à aimer la patrie plus que soi-même, à ne jamais séparer son propre intérêt de l'intérêt général et à le lui sacrifier au besoin. Sans doute on voit cette héroïque vertu moins pratiquée sous les gouvernements monarchiques et despotiques ; mais le souverain n'est jamais plus sûr d'un long règne que lorsqu'il est bon sans faiblesse et juste sans partialité.

Donc l'amour est le seul vrai ressort de tous les gouvernements possibles : oui, l'amour, cette loi des lois, cette loi sainte, primordiale, immuable, éternelle, que Dieu lui-même ne pourrait violer sans cesser d'être Dieu.

III

De la vraie représentation nationale. — Citoyens inéligibles. — Emplois publics donnés au mérite, aux services rendus, jamais à la faveur. — Magistrats administrateurs et magistrats juges électifs. — Justice gratuite. — Tout le monde soldat jusqu'à un certain âge.

Le moment est venu où tous les amis de la liberté doivent réunir leurs forces pour assurer à jamais le triomphe d'une sainte cause. Ce n'est pas à l'étranger qu'est notre ennemi le plus redoutable : il est au milieu de nous ; il nous écoute, il nous observe, il épie toutes nos démarches. Tantôt il cherche à nous diviser pour mieux nous vaincre ; tantôt il nous flatte pour mieux nous trahir. Mais nous resterons unis, nous serons prudents, et, grâce à cette union et à cette prudence, la République sera sauvée.

Combien de gens se disent républicains, et ne sont que des tartufes politiques ! Les uns sont des hommes célèbres, de grands orateurs, d'habiles généraux, de hauts fonctionnaires civils, tous secrètement dévoués à la monarchie : nous les voyons néanmoins proclamer avec nous la République, dont ils se disent aussi les enfants. S'ils veulent l'être, qu'ils le prouvent par des actes non équivoques : on les accueillera comme des frères, — en dépit de nos plaisants républicains de la veille, ardents à la curée bien plus que les meutes monarchistes, le lendemain d'un triomphe. Ces exclusifs démocrates sont les plus grands ennemis de la fraternité universelle, puisqu'ils fomentent, même sans le vouloir, par leur conduite et leur langage insensés, la guerre civile.

Quelques-uns veulent une demi-république, c'est-à-dire une oligarchie ou une aristocratie républicaine, et ils ne comprennent pas que c'est vouloir deux choses contradictoires : comment, en effet, la République, qui est la *chose publique*, peut-elle se concilier avec les intérêts d'une monarchie à plusieurs têtes ? L'oligarchie et l'aristocrrtie ne sont pas autre chose : le privilége y règne en maître, et les droits du peuple n'y sont qu'une fiction.

Pour avoir le gouvernement du peuple par le peuple, il faut d'abord une vraie représentation nationale, *que la France n'a jamais eue* : ceux qui croient le contraire se font une étrange illusion, et les meilleurs historiens ne songent pas même à la détruire.

L'abbé Sièyes disait : « Qu'est-ce que la noblesse et le clergé ? Rien. — Qu'est-ce que le Tiers-État ? Tout. »

Or, ce *tout*, pour l'abbé Sièyes et pour les gros bonnets phrygiens de la république d'alors, était principalement la bourgeoisie, dont se composèrent du reste, — à peu d'exception près, — l'Assemblée législative et la Convention nationale. Le seul et inappréciable avantage donné par la révolution de 89 à tout le peuple français, fut l'égalité devant la loi.

C'est encore au profit de la bourgeoisie que triompha la révolution de 1830.

En 1848, un ouvrier, — un seul, — figure dans les conseils du Gouvernement, et quelques autres parmi les représentants du pays : véritable dérision !

Qu'est-ce maintenant que la noblesse, la bourgeoisie et le clergé ? Rien, ou presque rien. — Qu'est-ce que le peuple des travailleurs, *paysans*, *commerçants*, *industriels* ? Presque tout par le nombre, tout par l'utilité.

Oui, *tout par l'utilité*, car sans eux nous ne pourrions nous loger ni nous vêtir. Ces milliers de navires qui sillonnent toutes les mers du globe ; ces inépuisables richesses des trois règnes de la nature; ces merveilleux et fastueux objets de luxe que nous étalons avec orgueil sur nos personnes et dans nos demeures ; ces livres mêmes, dépositaires fidèles de la pensée humaine à travers les siècles, à qui les devons-nous ? A eux seuls.

Dans la meilleure des républiques, le citoyen le plus honorable est le travailleur : c'est donc lui qui doit être le plus honoré. Il doit pouvoir prétendre, — comme dans les États-Unis du Nouveau-Monde, — aux plus hautes fonctions politiques, et même à la première place dans le Gouvernement. En conséquence, j'émets le vœu qu'à l'avenir un quart de nos assemblées délibérantes, dont je n'excepte point les Conseils municipaux et autres, se compose indistinctement de nobles, de bourgeois et de prêtres; un quart, de chefs industriels quelconques; et les deux derniers quarts, des trois classes de travailleurs en parties égales : commerce, industrie, agriculture.

Alors on pourra dire que les élus du suffrage universel libre sont la vraie représentation nationale.

Voici un moyen de la rendre plus vraie encore : c'est d'établir dans tous les chefs-lieux départementaux, sur la même base d'élection, une Assemblée législative de vingt-quatre membres, non rétribués; ils ratifieraient simplement, en une seule séance, les votes de la Représentation centrale, après avoir approfondi chaque question dans le *Journal officiel*, qu'ils recevraient tous à titre gratuit. Les séances n'auraient lieu que le dimanche, par égard pour les travailleurs. — Nous voudrions aussi que, dans tous les chefs-lieux départementaux, douze mères de famille, ouvrières et autres, âgées de trente ans au moins et désignées par le Conseil municipal, délibérassent une fois par trimestre sur leurs intérêts commerciaux, industriels et politiques, et en fissent au besoin un rapport à l'Assemblée législative centrale. On devrait encore donner à toutes les femmes de cet âge, mères de famille, les mêmes droits de vote qu'aux hommes ; il ne serait pas public, et aurait lieu en présence d'une des autorités municipales et de trois ou quatre conseillers désignés par le sort.

Il va sans dire que tous les individus qui, par leur naissance, appartiennent de près ou de loin à une dynastie impériale ou royale, seront inéligibles et ne pourront remplir aucune espèce de fonction publique. Mais une Assemblée législative, étant juge et partie, comme soumise elle-même à l'élection, ne peut conférer ni refuser un droit qu'elle ne tient que du souverain, qui est le peuple : il faut donc un plébiscite. Pourtant ma proposition jugée *excellente* par l'excellent citoyen Esquiros, administrateur supérieur des Bouches-du-Rhône, n'a pas obtenu la moindre réponse du Gouvernement provisoire, malgré une lettre de rappel adressée, le 5 octobre, au Ministre de la justice.

Voici, en substance, la demande que j'avais faite, le 10 septembre 1870, par l'intermédiaire du Ministre de l'intérieur :

« Au nom du salut de la République ; au nom de « l'intérêt général, qui, d'après les plus simples no- « tions du droit naturel, base de toute justice, ne « doit jamais être sacrifié à l'intérêt de quelques « personnes, je demande qu'aucun des membres « d'une dynastie quelconque ne puisse être élu dé- « puté ni président de la République, et qu'avant « l'élection de la Constituante, un plébiscite statue « par *oui* ou par *non* sur l'importante loi fondamen- « tale que je propose. » (1)

« *Signé :* B. ALCIATOR. »

Marseille, boulevard du Nord, 22.

Le *Journal de Marseille* et le *Petit Journal*, avec un patriotique empressement qui les honore, ont publié cette demande.

Espérons que le Gouvernement républicain de la défense nationale ne laissera pas la République à

(1) Autre raison péremptoire : L'absurde principe des monarchies non électives cessera d'être le fléau des peuples, quand les capacités et les vertus seront héréditaires par droit de naissance. Mon avis à cet égard n'est point suspect, puisque peu de temps après notre déclaration de guerre à la Prusse et avant la chute du second Empire, j'en fis l'objet d'une pétition au Corps législatif : mais on se garda bien de la rendre publique.

De même fut étouffée sous l'éteignoir du silence, en 1866, ma pétition au Sénat sur le danger toujours croissant des congrégations enseignantes.

la merci des monarchistes, dont les moyens de corruption, nul ne l'ignore, sont immenses.

Avant le départ du héros Italien pour les Vosges, nous conseillâmes au Ministre de la guerre d'y jeter cinquante mille hommes, — tout en maintenant des forces respectables sur la Loire et le bassin du Rhône, — d'en faire partir cent mille au secours de Metz, dont la capitulation *scélérate* devenait alors impossible, et d'envahir avec deux cent mille autres l'Allemagne dégarnie de troupes, ne laissant derrière nous que des ruines jusqu'à Berlin, d'où nous aurions dicté fièrement et impitoyablement nos conditions de paix. L'exécution de cet audacieux plan de campagne, disais-je, forçera Guillaume à lever le siège de Paris pour secourir ses provinces dévastées : mais les quatre ou cinq cent mille défenseurs de notre capitale, devenus assiégeants à leur tour, harcèleront de toutes parts l'ennemi, pendant que nos armées triomphantes de l'Est lui barreront le passage.—Qu'en résultait-il infailliblement? Pour la Prusse, désastre irréparable; pour nous, conquête des frontières du Rhin, et indemnité pécuniaire double de celle qu'on voulait nous imposer à nous-mêmes. De l'aveu public du Ministre, nous avions déjà trois cent cinquante mille hommes *prêts à marcher*; aussi écrivais-je, le 28 octobre, une première lettre de rappel commençant par ces mots :

« L'opinion publique proteste d'avance contre une
« paix achetée à prix d'argent... Plutôt la mort que
« la honte.... »

Et finissant par ceux-ci :

« De l'audace, toujours de l'audace, et la France « pourra se dire encore la première nation du mon- « de. »

Enfin, nous écrivions, sans être plus heureux, la dernière lettre de rappel suivante :

« Marseille, le 31 octobre 1870. »

« Monsieur le Ministre,

« Excusez la franchise d'un homme libre :

« Ne vous ai-je pas donné, il y a trois semaines, « le conseil de secourir Metz avec cent mille hom- « mes et d'en jeter deux cent mille à travers la Prusse « et la Bavière dégarnies de troupes ? Une trahison « devenait alors impossible, — comme l'eût été une « capitulation de Strasbourg, si le gouvernement « avait appuyé la défense de cette ville héroïque.

« Je persiste dans mon plan de campagne auda- « cieux et grandiose :

« Négligeons Paris, qui ne perdra rien pour at- « tendre ; maintenons cent mille hommes sur la « Loire et dans la vallée du Rhône : mais que nos « innombrables mobiles et mobilisés des provinces « envahissent l'Allemagne comme un torrent dévas- « tateur. D'habiles manœuvres autour de nos places « perdues et de celles qui ne le sont pas encore, ne « peuvent que rendre l'invasion plus facile. Une fois « maîtres de Berlin, nous pourrons crier victoire ! — « Affamée, traquée, anéantie sera l'armée prus-

« sienne, et notre glorieuse France républicaine « pourra se dire encore, — je vous le prédis une « troisième fois, — la première nation du monde.

« Salut fraternel. »

« B. ALCIATOR. »

Nul ne met en doute le dévouement du jeune Ministre à la patrie et à la république : on doit donc supposer qu'il *a cru avoir* d'excellents motifs pour ne pas donner suite à notre projet. Pourtant nous sommes encore persuadé qu'une prompte et habile exécution de ce plan hardi sauverait la France. Le triomphe de nos armes n'en est pas moins certain, nous le croyons : mais il peut être moins complet, et se faire attendre quelques semaines ou quelques mois de plus.

Après le projet de réforme vraiment populaire de la représentation nationale, expliqué plus haut, je ne puis en présenter un meilleur que l'élection par le peuple des ministres, des maires, des préfets, sous-préfets, conseillers de préfecture, secrétaires généraux, et même des commissaires de police. — Tous les magistrats de l'ordre judiciaire devraient être élus par le suffrage universel des licenciés et docteurs en droit.

Que la justice soit gratuite! — Ainsi tombera, pour ne plus se relever, l'odieuse barrière, presque infranchissable, qui la sépare du faible qu'opprime le puissant. On donne des avocats d'office aux plus grands criminels, et il n'y en a point pour d'honnêtes plaideurs pauvres, que l'on écrase ensuite de frais. Aussi en voyons-nous dans l'horrible nécessité de choisir entre la perte de leur honneur et une ruine complète.

Que l'on mette fin au plus tôt à cette honte de notre civilisation, et qu'en outre les juges, élus par le peuple, soient à l'avenir plus dignes de lui (1). — Nous entendons par *juges* tous les magistrats de l'ordre judiciaire, sans exception.

Que les troupes élisent de même leurs officiers de tous grades, et ne tiennent compte de la durée du service qu'en temps de paix : alors l'émulation militaire fera des prodiges et l'on verra surgir, comme à l'époque de la grande République, de grands capitaines dont l'égoïsme administratif étouffait le génie. Surtout, point de tirage au sort : tout homme valide doit être soldat, — mais jusqu'à cinquante-neuf ans accomplis, parce que les infirmités commencent d'ordinaire à soixante.

Nul citoyen ne doit être ordonné prêtre avant d'avoir satisfait à l'égalité devant la loi pour le service militaire, et il serait beau de voir le prêtre lui-même, quittant le goupillon pour le fusil, proclamer le dévouement à la patrie comme le premier des devoirs envers Dieu (2).

(1) On vient de découvrir aux Tuileries des preuves écrites de l'immoralité et de la vénalité de plusieurs hauts magistrats.

(2) Des séminaristes, des trappistes, des curés même, viennent de donner au monde chrétien ce noble exemple.

Tous les soldats devraient être armés et entretenus à leurs frais, *quand ils en ont les moyens* : ne sont-ils pas les plus intéressés à défendre le pays?

Qu'à l'avenir les emplois publics soient toujours donnés au mérite, aux services rendus, jamais à la faveur.

Sans doute les postes essentiellement politiques subissent, relativement au personnel, les conséquences de la chute d'un gouvernement. Mais destituer un chef de division, par exemple, un chef de bureau, ou tout autre employé, sans autre motif que celui de satisfaire les peu délicates convoitises de créatures nouvelles, c'est plus qu'une injustice criante : c'est un véritable crime administratif, un vol infâme, contre lequel je proteste, moi indépendant, avec toute l'énergie d'une âme honnête. Il est vrai que nos Ministres de la République, — à moins d'être induits en erreur, — ordonnent souvent la restitution de l'emploi. Quand cette restitution n'a pas lieu, c'est à leur justice, et non à celle des préfets ou des maires, qu'il faut faire appel.

Un État, monarchique ou républicain, qui, sans tenir le moindre compte du mérite et des services rendus, tolére une aussi indigne spoliation, n'est pas digne de vivre.

Je proteste avec non moins d'énergie contre les arrestations illégales, et surtout contre l'*impunité* des mauvais citoyens qui les ont faites. Il y avait là pour nos magistrats de la République une belle occasion de montrer leur courage civil. M. Alphonse

Gent, préfet des Bouches-du-Rhône, a donné l'exemple : honneur à lui !

Ma franchise étonnera moins peut-être, quand on aura lu ces lignes que j'écrivais, en 1868, à l'ex-empereur :

« La révolution de 89, — il ne faut pas se le dis-
« simuler, — est loin d'être accomplie ; et elle brise-
« rait tôt ou tard la main, qui, au lieu de la seconder
« en la dirigeant, aurait l'audace de poser une limite
« à ses légitimes espérances. Entre le juste et l'in-
« juste il n'y a point de milieu. Contre la justice, ai-
« dée du temps, nulle force ne peut lutter, quelque
« formidable qu'elle soit ; — et un moment vient
« toujours où la force elle-même prend le parti de
« la justice »

IV

Instruction primaire, industrielle et commerciale gratuite et obligatoire. — But principal de l'éducation secondaire et supérieure. — Liberté des cultes, mais point de congrégations religieuses enseignantes. — Séparation complète de l'Église et de l'État.

Nous avons dit que l'ouvrier des deux sexes étant, par son travail, le citoyen le plus utile, et par conséquent le plus honorable à ce point de vue, devait être aussi le plus honoré et pouvoir prétendre, comme en Amérique, aux premières charges de l'État. Mais il doit surtout s'en montrer digne par son éducation républicaine, religieuse et morale. Or, cette éducation est nulle, ou presque nulle, soit parce qu'elle est volontaire, soit à cause de la gêne extrême des familles laborieuses : qu'elle devienne donc obligatoire et gratuite.

Dès que l'ouvrier saura lire, écrire et calculer, on lui enseignera notre histoire, celle de la révolution française d'abord, avec ses causes éloignées ou prochaines et leurs conséquences. On insistera peu sur l'histoire du monde, — qu'il étudiera seul plus tard, quand l'inévitable chômage lui en laissera le loisir. Un résumé rapide, avec divisions par grandes étapes de l'humanité, suffit pour le moment : les hommes illustres qui les marquèrent par leur patriotisme ou par leur génie, formeront dans sa jeune mémoire comme un panthéon universel dont il gardera le souvenir; car les impressions de l'enfant sont les plus durables. Il va sans dire que, dans ce panthéon, le génie de l'ouvrier et de l'artiste occupera une large place.

Voilà ce que j'appelle une éducation populaire républicaine. Mais le Gouvernement doit veiller à ce qu'elle soit religieuse. L'athéisme sera toujours, par la force invincible de la logique, et malgré les bonnes intentions de quelques athées vertueux, l'étroit et stupide étouffoir de tous les sentiments nobles et élevés. Un peuple d'athées serait un peuple de renards et de loups, qui se duperaient et se dévoreraient entre eux.

Du reste, la tolérance pour les cultes, et même pour l'absence de tout culte (1), doit être universelle, tant qu'il n'en résulte aucun péril pour l'ordre social. Sait-on bien pourquoi les croyants divers se damnent les uns les autres, ne pouvant plus se torturer et se brûler vifs ? C'est qu'ils méconnaissent une grande vérité que tous proclameront un jour : *La foi n'est point une vertu.* Comment serait-elle obligatoire, puisqu'elle peut être une erreur, notre raison individuelle et faillible étant seule juge de tout ce qu'on nous enseigne ? On affirme néanmoins qu'il y aura peu d'élus : c'est très-peu de damnés qu'on devrait dire, car si les justes n'étaient pas de beaucoup les plus nombreux sur ce monde, aucune société n'y pourrait vivre. La foi n'est donc rien, absolument rien, dans la grande question du salut de notre âme : *c'est la charité qui est tout ;* — et s'il était possible qu'un peuple d'athées fût véritablement vertueux, un tel peuple serait digne de la vie éternelle, bien plus que ces fanatiques et barbares chrétiens qui guerroient depuis des siècles et couvrent la terre de ténèbres et de sang.

Les aumôniers des divers cultes ne devraient plus être rétribués par l'État ; mais ils devraient toujours se souvenir de la parabole du bon Samaritain, et faire de la *tolérance universelle* la base de leur enseignement religieux.

(1) On a tort de confondre toujours la religion avec le culte, qui n'est qu'une *manière d'adorer Dieu,* — le plus souvent sous des noms divers.

Il serait peut-être fort sage d'attribuer aux conseils municipaux la surveillance de toutes les écoles, mêmes privées, de la commune.

Mais qu'on éloigne de la jeunesse, comme une peste, toutes les congrégations enseignantes.

Quelle différence entre un élève de l'Université et un élève des prêtres et des jésuites ! Il y a un abîme entre l'un et l'autre : d'un côté, vrai sentiment religieux, émulation généreuse, intelligent respect des lois, amour de la patrie et de la famille ; de l'autre, dévotion stupide, humilité dégradante, obéissance aveugle, amour de l'Église. . . . . et des *bons Pères*. Que peuvent aimer de pauvres enfants que l'on abrutit à force de patenôtres, et à qui l'on prêche continuellement ceci : *Vous ne devez penser qu'au salut de votre âme, tout le reste n'est rien?* comme si le salut de l'âme ne dépendait pas, avant tout, de l'accomplissement des devoirs sociaux. — Q'arrive-t-il ? C'est que la plupart de ces malheureuses créatures ne rêvent que l'enfer et ne croient pouvoir s'y soustraire qu'en se retirant du monde. Certes, voilà des gens bien utiles à leur pays !

Les jésuites attachent une si grande importance politique à l'enseignement, qu'il a toujours été le but principal de leur institut. C'est un des puissants moyens par lesquels ils entretiennent contre nos libertés une opposition sourde et formidable, qui est, comme on l'a dit, *un État dans l'État*. Il serait plus juste de l'appeler un État contre l'État.

La religion est un des fondements de la société ;

mais les congrégations enseignantes en sont les vers rongeurs, d'autant plus à craindre que leur action est lente et ténébreuse. Chose étrange ! Elles sont parvenues à infester la France au nom de la liberté qu'elles détestent.

Si les pères et les mères sont libres, *chez eux*, de faire élever leurs enfants comme ils l'entendent, un Pouvoir libéral quelconque ne peut ni ne doit leur permettre de les faire élever *publiquement* par ses plus mortels ennemis : ce n'est pas du despotisme, c'est de la prudence la plus vulgaire.

Que l'on donne à chaque citoyen le droit de lever des troupes et d'en prendre le commandement : ce serait une véritable anarchie légale. Eh bien ! tel est le privilége monstrueux, absurde, que l'on réclame pour une armée plus redoutable mille fois que celle qui porte aujourd'hui le fer et le feu dans nos provinces. Il ne faut pas être un grand politique pour comprendre que le droit exclusif d'élever notre génération naissante dans l'amour de la patrie et de la liberté, appartient à l'État, comme celui de former des hommes pour les défendre.

Ce n'est pas tout : la séparation de l'Église et de l'État doit être entière, comme rationnelle conséquence de la liberté des cultes (1). Entretenus

(1) Ce serait d'ailleurs une économie de cinquante millions pour le Trésor. Elle permettrait de rétribuer convenablement tous les fonctionnaires des écoles, colléges et lycées. La plupart n'ont pas même le nécessaire, et se trouvent dans l'impossibilité absolue d'accomplir, en se

seulement par leurs fidèles respectifs, ces cultes et leurs prêtres y gagneront tous en *sainteté* et en indépendance.

Que le vrai Dieu les mette d'accord et les bénisse!

V

Comme résultat des bienfaits de l'enseignement, tel que nous le comprenons dans les écoles des deux sexes, voici une esquisse de la jeune fille naïvement pieuse, et du jeune homme à peine dompté par de mâles et nobles leçons républicaines. Ce sont deux fruits mûrs de deux éducations *différentes, mais atteignant le même but :* — La réalisation du beau et du bien dans l'ordre moral et social. Pour mieux établir le contraste, nous avons écarté de l'esprit de la jeune fille toute apparence de préoccupation politique : l'amour de la famille,

mariant, le plus doux et le plus moral des devoirs de la vie sociale. Nous émettons le vœu que leurs honoraires soient fixés à peu près dans l'ordre suivant : — Dix-huit cents francs au moins pour les instituteurs célibataires, et trois mille francs, s'ils sont mariés ; deux mille quatre cents francs au moins, dans le premier cas, pour les professeurs des colléges et des lycées, et quatre mille francs dans le second.

Il ne suffit point d'honorer l'enseignement : il faut rendre honorables ceux qui le pratiquent, en leur créant une position digne de la haute importance des services qu'ils rendent à la patrie.

chaste prélude d'un amour plus doux et plus grand, suffit pour faire d'elle, au besoin, une vaillante patriote comme Jeanne d'Arc ou Jeanne Hachette, et comme les nombreuses héroïnes françaises de la guerre actuelle.

LA JEUNE FILLE

Elle a seize ans. — A ce doux et chaud printemps de la vie, l'âme de la jeune vierge qui n'a éprouvé jusqu'alors que les sereines émotions de la famille, s'ouvre déjà, mais insensiblement, à des émotions plus tendres, comme une fleur, sous l'enivrante influence du printemps de la nature, s'ouvre peu à peu aux brûlants baisers du soleil.

Elle n'aime pas encore, mais elle éprouve, sans pouvoir se l'expliquer à elle-même, un vague désir d'aimer et d'être aimée. Puis elle rêve.... Elle rêve comme rêvent sans doute les Esprits célestes, qui n'ont que de chastes et divines aspirations.

Oh! comme le premier mortel qui l'aimera doit la rendre heureuse, et comme il sera payé de retour! Il deviendra l'objet de ses constantes pensées et de son culte : c'est au point que le bon Dieu lui-même, s'il n'était pas Dieu, en serait jaloux, — oui, le bon Dieu qu'elle aime tant! le bon Dieu qu'elle prie tous les jours de répandre la rosée de ses bénédictions sur sa mère, son père, ses petits frères, ses petites sœurs, toutes âmes chéries dans lesquelles elle concentre les effusions les plus pieuses et les plus délicates de son âme.

Mais pendant qu'elle exhale ainsi sa naïve et touchante prière, pur encens d'un cœur qui a soif d'amour, il y a dans les replis les plus cachés de ce cœur un vide immense, qui ne pourra être comblé désormais que par un autre amour, par cet amour mystérieux, ineffable, enivrant, — et trop souvent aveugle, hélas ! — qui absorbe toutes les facultés de notre être, quand l'impérieuse voix de la nature se fait entendre.

C'est alors que la terre et le ciel apparaissent à la chaste jeune fille dans le magique éclat de leur vie et de leur beauté : tout lui parle d'amour, et ces charmants oiseaux qu'elle entendait chanter sous la feuillée sans être émue, et ces fleurs qu'elle cueillait avec une curiosité presque indifférente, et cet astre mélancolique qu'elle contemplait le soir sans rêver, et ce vent de la montagne qu'elle écoutait à peine gémir ; et surtout ces vallées ombreuses, discrètes, profondes, où elle aimait à folâtrer, insouciante, avec d'autres enfants de son âge, mais où elle aime aujourd'hui à se trouver seule, toute seule, avec l'adoré fantôme de son imagination et de son cœur, — fantôme aimable qui peut-être aurait pour elle moins de charmes, s'il n'était purement idéal.

Quand la jeune vierge qui ouvre, pour la première fois, son âme à l'amour réel est une pauvre enfant que le rude labeur quotidien garde prisonnière à l'atelier ou dans sa chambrette, — comme un gentil oiseau dans sa cage, — moins rapides que les battements de son cœur sont parfois les agiles mouvements de la fine aiguille qui passe et repasse sous ses jolis doigts, tour à tour attentifs et distraits. Parfois aussi elle s'arrête, calme en apparence et pensive : sa main droite, levée sur l'ouvrage, est immobile, et son âme comme suspendue entre une espérance et un souvenir. — Qu'une petite espiègle s'en aperçoive, un joyeux éclat de rire, auquel succède une hilarité générale, arrache soudain la belle rêveuse à ses profondes méditations. Alors la subite et pudique rougeur, qui trahit le secret de ses plus chères pensées, la montre plus belle que jamais à ses jalouses compagnes, non moins jolies qu'elle peut-être, mais, peut-être aussi, moins sages.

C'est surtout le soir, lorsqu'elle est seule en présence de Dieu et de son amour, que la vertueuse enfant est ravissante d'émotions et de charmes. Son premier mot de prière est pour ses chers parents ; le dernier, pour son bien-aimé, qu'elle voit, qui lui sourit, qui lui parle, et sans lequel, — ce qui arrive, hélas ! trop souvent aux pauvres filles trompées, — il ne lui resterait plus qu'à mourir. Oh ! avec quel amour le bon Dieu doit contempler ce trésor de sagesse, de piété et d'amour! La jeune âme est alors comme un vase de délicieux parfums qui montent secrètement vers le ciel : elle y étonne les anges mêmes par la pureté de ses suaves et passionnées aspirations. Puis elle demande au sommeil un repos qu'il ne lui accorde pas toujours.

Avez-vous vu quelquefois, dans sa couche virginale, une belle jeune fille endormie? Au sein de ce paisible sommeil de la vie qui ressemble presque à celui de la mort, elle est plus belle et plus séduisante peut-être qu'à son matinal réveil, lorsqu'elle se montre au seul regard de Dieu, éblouissante d'attraits par l'absence de toute parure, et n'ayant d'autre voile que cette pudeur qui la fait se cacher, rougissante, à elle-même. Son corps charmant repose, mais son âme veille; elle dort, mais les songes riants de ses jours illuminent ses nuits de mystérieuses et fantastiques clartés : on le devine sans peine aux spontanées agitations de sa poitrine; à ses lèvres, parfois frémissantes, qui semblent vouloir murmurer un nom chéri; aux subites rougeurs qui passent comme de légers nuages roses sur ses joues et son front pâles; enfin, à cette demi-rêveuse et divinement gracieuse attitude qui fait ressembler l'humble fille de la terre à un ange corporel et radieux, assoupi dans les bras d'un autre ange invisible. Moins belle est la nature vierge la plus splendide, lorsqu'un religieux silence descend sur elle avec les molles et dormantes clartés de la lune. Pourquoi cela? C'est parce que la nature inanimée, quelque ravissante qu'elle puisse être, ne parle qu'aux sens, tandis qu'une belle et chaste jeune fille endormie parle tout à la fois aux sens et au cœur, — au cœur surtout. Le vice n'est pas digne de contempler et de sentir tout ce qu'il y a d'ineffable poésie dans un pareil tableau : mais aux regards de la vertu, qui en approche toujours avec un pieux respect, la modeste chambrette apparaît comme le sanctuaire de la pudeur, et la couche virginale, comme l'inviolable et saint autel où sommeille, doucement bercée par de naïfs songes d'amour, l'âme pure de la jeune fille, — ce vivant poëme, le plus beau chef-d'œuvre de Dieu.

LE JEUNE HOMME

C'est à vingt ans qu'il sort de l'adolescence et fait son premier pas vers l'âge mûr. Il lui faut choisir tout d'abord entre l'oisiveté et le travail, entre le vice et la vertu. A l'oisif riche, les chiens, les chevaux, la bonne chère, les maîtresses, les courtisanes, les bals publics, en un mot, tous les plaisirs sensuels et bruyants, qui énervent, étourdissent, hébètent l'âme jusqu'à la faire s'oublier elle-même, jusqu'à l'abaisser au-dessous de la brute; car la brute ignore qu'elle est brute, et l'âme qui se dégrade le sait : à l'oisif pauvre, la honte, l'infamie, et souvent le crime.

Par le travail, au contraire, le jeune homme se rend digne de devenir un homme, c'est-à-dire le véritable roi de la création : c'est celui-là que je veux peindre ; c'est celui-là que Dieu bénit, et que la patrie compte avec orgueil parmi ses enfants.

Que d'orages dans ce cœur, qui déjà s'ouvre aux sentiments tendres ! Que d'impatience dans cette âme qui brûle de la soif d'être libre ! Aussi, plus que jamais, il faut un frein à ce fougueux étalon, prêt à franchir comme le vent d'incommensurables espaces ; il faut une cage à cet indomptable lionceau, prêt à tout dévorer au gré de ses effervescentes passions qui grandissent, grandissent toujours, et secrètement le dévorent lui-même. Mais prenez garde : plus le frein sera lâche, plus vagabond sera l'essor ; plus la cage sera étroite, plus violente et irrésistible grondera la juvénile sève, comme gronde la vapeur en surcroît dans la chaudière qui la comprime et qu'elle fait bientôt éclater en mille pièces. — L'éducation, c'est le frein, c'est la cage : les deux excès contraires y sont presque également redoutables.

Mais le jeune homme devenu fort par les conseils des vrais sages, peut dire fièrement : l'avenir est à moi. L'avenir ! abîme inconnu, qui semble reculer en mystérieuses profondeurs à mesure que s'y plonge son âme ardente, insatiable de vivre de la vie qui déborde en elle. La raison, dont il fut instruit de bonne heure à faire un libre et noble usage, reprend bientôt le dessus et le fait sortir victorieux de la terrible épreuve que toute créature humaine doit subir.

Le voilà donc maître de lui-même. Calme autant que ferme, il semble à peine s'émouvoir des plus furieuses tempêtes sociales qui hurlent, discordantes, autour de lui. Généreux par instinct, confiant par vertu, il est souvent dupe, parce qu'il juge autrui d'après lui-même. Tolérant par religion, il aime les fidèles de tous les cultes comme des frères, et il lui est consolant de penser qu'avec eux il habitera le même ciel : car il sait que la justice divine, n'ayant à juger que les actes d'une volonté libre, absout les erreurs d'une raison faillible; il sait aussi que nul croyant n'a le droit de dire à un autre croyant : Votre foi n'est pas sincère.

Sa principale prière, à lui, c'est le travail, c'est la bienfaisance, c'est surtout l'abnégation dans l'accomplissement des plus difficiles devoirs : il est le héros de tous les rudes labeurs, de toutes les charités, de tous les dévoûments.

Loin de se vouer au célibat, — vœu qui est un outrage à la nature, — il place au premier rang de tous les devoirs et de tous les bonheurs, les devoirs et les bonheurs de la famille.

Mais que la patrie en danger l'appelle, il ne demande rien à la patrie, rien à la gloire : il meurt. Qu'il lui faille, pour le salut de tous ou de plusieurs seulement, périr seul, il n'écoute que son héroïsme, il va : il meurt. Qu'un fanatisme barbare veuille le contraindre à renier sa foi, il ne demande rien à la vengeance céleste, rien à la pitié de ses bourreaux : il prie pour eux, il meurt.

Sans doute les autres âges de la vie ont de même leurs héros et leurs martyrs; mais c'est l'âge de la virile jeunesse qui en fournit le plus, comme c'est elle qui déploie dans toutes les conditions sociales le plus d'intelligence, d'activité et de courage. On aime, on estime le jeune riche, lorsqu'il dépense noblement sa fortune dans les travaux de l'esprit et dans les ineffables satisfactions du cœur, — du bon cœur qui se complaît à encourager tous les mérites, à consoler toutes les infortunes; mais on aime, on admire bien plus encore le jeune pauvre qui épanche autour de lui comme une rosée céleste, — trop souvent, hélas! mal reçue, — les plus purs trésors de son intelligence et de son cœur : soit qu'il vienne en aide à de plus malheureux que lui; soit qu'il contribue pour sa part, dans d'honorables fonctions publiques, au bien de la société ; soit que, secrètement en proie aux sublimes vertiges dont tourmente les grandes âmes le feu sacré, il ait l'ambition de léguer à sa famille un nom immortel, et à l'humanité tout entière les immortelles créations du génie.

A côté de ces intelligences d'élite, on aime, on admire aussi le jeune ouvrier qui gagne à la sueur de son front le pain quotidien de ses vieux parents ou celui de ses enfants, — l'un et l'autre, s'il le faut, — et trouve encore le secret d'offrir quelquefois au pauvre l'obole du pauvre. Celui-là ne va ni au jeu qui ruine, ni dans les mauvais lieux qui abrutissent ; il ne hante point les sociétés malsaines, qui l'y conduiraient infailliblement. Comme un vaillant soldat de l'industrie, il vit et meurt à son poste, dans la boutique ou dans l'atelier, au fond de la mine qu'il creuse ou sur la terre qu'il laboure : partout où le travail l'appelle, là est son champ d'honneur. Les hommes l'oublient, mais le Dieu juste lui réserve la plus belle place dans le royaume des justes.

APPENDICE

ET

CONCLUSION GÉNÉRALE

Pour compléter nos observations politiques et religieuses en réponse à plus d'un préjugé anti-social, voici un extrait de notre ouvrage inédit qui a pour titre : *La vérité sur Jean-Jacques Rousseau.*

L'illustre philosophe de Genève comprit que le bonheur de l'homme et d'un peuple dépend surtout de l'éducation : voilà pourquoi il fit l'*Émile* et le *Contrat social.*

Parlons d'abord de l'*Émile.*

L'homme, étant perfectible, se déprave ; il est en lutte perpétuelle contre la nature. La meilleure éducation est donc celle qui l'en écarte le moins. Apprenons-lui que vouloir plus qu'on ne peut, c'est être faible, méchant, esclave ; mais que vouloir selon ses facultés, c'est être fort, généreux et libre : donc l'éducation doit être, avant tout, expérimentale par initiative. Aussi Émile apprend-il à s'instruire lui-même plutôt qu'il ne reçoit de l'instruction : elle est le fruit de ses propres expériences. C'est là que le philosophe donne d'excellents conseils : puisque l'enfant, par sa faiblesse même, est sous la dépendance des hommes et des choses, *il faut qu'il sente sa faiblesse, et non qu'il en souffre; qu'il dépende, et non qu'il obéisse; qu'il demande, et non qu'il commande.* Pour cela, une règle bien simple : le satisfaire, quand ses cris et ses pleurs ont pour cause le besoin ou la souffrance; être inexorable sans affectation, dans tout autre cas. On évite ainsi de le rendre capricieux et impérieux ; on lui inspire de l'amitié en ne le contrariant jamais à tort : autrement, il s'afflige, s'irrite, et enfin vous déteste. Mais on veille à ce qu'il n'abuse pas de ses besoins mêmes : loin de céder à toutes ses fantaisies, on déjoue autant que possible, et sans aucune apparence d'humeur ou de malice, ses petites ruses ; car il ne serait pas moins funeste de le rendre tyran qu'esclave. Le grand problème à résoudre, c'est donc de lui faire *aimer*, comme aimable et douce, la dépendance où il est avec de plus forts que lui, — et de lui faire accepter, comme inévitable, sa dépendance des choses.

Jusque-là, Rousseau est dans le vrai : sa règle fondamentale est simple, rationnelle, parfaitement applicable à l'éducation publique et à l'éducation privée. Mais pourquoi en méconnaître le *naturel*, qui en fait tout le mérite?

« Les meilleures institutions sociales, dit-il, sont « celles qui savent le mieux *dénaturer* l'homme,

« lui ôter son existence absolue pour lui en donner « une relative, et transporter le *moi* dans l'unité « commune, en sorte que chaque particulier ne se « croie plus un, mais partie de l'unité, et ne soit « plus sensible que dans le tout. »

Mais c'est par là précisément qu'il est *un* et *tout*, lorsque la souveraineté est élective ; c'est par là qu'il se rapproche le plus de l'état de nature, qui est l'amour et la liberté. L'erreur de Rousseau provient de ce qu'il dénature l'homme primitif, en osant établir cet axiome absurde : *Dénaturer* l'homme pour le rapprocher autant que possible de l'*état de nature.* Telle est la pensée générale du premier livre d'*Émile :* elle est une conséquence rigoureuse du Discours sur l'inégalité des conditions. Quand on se trompe sur un principe, on s'égare toutes les fois qu'une conséquence n'est pas déduite du principe vrai, non remarqué. Notre philosophe en vient jusqu'à dire dans son deuxième livre : *La première raison de l'homme est une raison sensitive ; c'est elle qui sert de base à la raison intellectuelle.*

Cela est clair : *La raison sert de base à la raison.* Mais ce qui n'est pas clair du tout, c'est la distinction établie entre la *raison sensitive* et la *raison intellectuelle.* En tant que facultés, raison et intelligence sont synonymes : l'homme raisonne ses sensations, comme il raisonne ses sentiments et toutes ses idées. Mais Rousseau veut absolument faire de l'*amour de soi-même* le premier amour de l'homme, et nous avons prouvé ailleurs le contraire en ces termes (1) :

« Pour vivre comme notre philosophe le suppose, « l'homme primitif n'avait pas besoin d'être raison- « nable et libre : l'instinct des bêtes lui suffisait. La « noble faculté qui nous en distingue ne dut lui « servir qu'à le rendre plus vil qu'elles, puisqu'il « demeurait sciemment et volontairement à leur « niveau.

« Le tort des philosophes en général, c'est de dé- « finir inexactement les choses ou de ne pas les dé- « finir du tout. Une définition est la pensée fonda- « mentale du discours ; elle en est à la fois le but et « l'éclaircissement, pour ainsi dire, car elle embrasse « tout le sujet et en fait jaillir des traits de lumière. « Je définis donc l'état de nature : *L'état primitif « du libre et légitime développement de la raison « humaine.* Tel fut l'homme en sortant des mains « du Créateur : libre, puisqu'il n'avait encore d'autre « loi que sa conscience ; irréprochable, puisqu'il « ignorait encore les vices. Il perçut l'idée de la « douleur après en avoir fait, une fois au moins, « l'expérience sur lui-même ; et celle de la mort, en « voyant mourir un de ses semblables ou un animal « quelconque. La première pensée de l'homme n'a « donc pu être, comme l'affirme Jean-Jacques, sa « conservation : le seul besoin qu'il dut éprouver

(1) Le fragment qu'on va lire est extrait du même ouvrage inédit : *La vérité sur J.-J. Rousseau.*

« est celui de la nourriture, mais instinctivement, « ne sachant pas encore ce que c'est que vivre et « mourir.

« Si le besoin de la nourriture a dû être instinctif « chez lui, il y a un sentiment qui ne le fut point, « parce qu'il est l'expression réfléchie de l'intelli- « gence et du libre arbitre : Ce sentiment, c'est l'a- « mour, — noble et pur autant qu'il peut l'être ; et « puisqu'il est le plus naturel, c'est le premier qu'il « éprouva en recevant une compagne. Les senti- « ments de la paternité et de la maternité furent « ensuite d'autant plus vifs, d'autant plus délicieux, « que les deux époux primitifs n'avaient encore vu « d'autres semblables qu'eux-mêmes. Qu'on se fi- « gure leur ineffable joie et leur immense amour en « voyant naître de petites créatures nées comme « eux pour aimer ! Et comme ils durent être aimés « en effet ! Nier cela, c'est insulter à Dieu dans son « œuvre de prédilection ; c'est méconnaître les plus « doux et les plus saints devoirs de la nature.

« L'état de nature, tel que nous l'avons défini, est « donc le seul vraiment *naturel :* on le t ouve par- « tout où il y a des hommes maîtres de leurs mau- « vaises passions et s'aimant les uns les autres. Si « un sauvage est tout l'opposé d'un Européen « égoïste, débauché, perfide et méchant, le plus « sauvage des deux n'est pas celui qu'on pense : si, « au contraire, les bonnes qualités sont chez l'Euro- « péen, c'est lui qui est dans le véritable état de « nature, dans l'état primitif de l'homme, quand il « sortit, libre et pur, des mains de Dieu.

« Et le luxe, dira-t-on, n'est-il pas l'opposé de « l'état de nature? — Non : le luxe est permis à « l'homme, puisqu'il est le produit *naturel* de son « génie perfectible et créateur. Il lui est si naturel, « que le sauvage lui-même en a l'idée lorsqu'il se « coiffe de plumes aux brillantes couleurs, ou qu'il « revêt un pagne plus beau que d'habitude. Comme « le luxe des sauvages, celui des peuples civilisés « n'a de mauvais que les vices qu'il cache. Il ne s'a- « git donc pas de le détruire, — chose impossible, « — mais de le moraliser : on le moralise en l'asso- « ciant à l'état de nature, à l'amour, à la charité « universelle.

« Notre philosophe a donc confondu l'état de na- « ture avec la manière de vivre. Est-ce que les peu- « plades sauvages ne sont pas des États sociaux, « tout comme d'autres? On y a vu les mêmes for- « mes de gouvernement qu'en Europe, depuis la « monarchie absolue jusqu'à la république la plus « démocratique. »

Dans son troisième livre d'*Émile*, Rousseau revient à la même idée : l'homme, selon lui, est bon et heureux quand ses besoins sont satisfaits. Or, je demande si, *naturellement*, l'homme le plus primitif trouve moins de plaisir à faire du bien qu'à en recevoir. Ceux qui n'en ont jamais fait à personne, — et c'est le très-petit nombre, — ne savent pas cela; mais les cœurs aimants et charitables le savent encore mieux qu'ils ne le comprennent. On ne raisonne pas la charité, on la fait : dès qu'elle est raisonnée, elle perd beaucoup de son prix.

L'amour est si naturel à l'homme que les petits enfants s'aiment entre eux, et cet angélique amour, d'où naît le plaisir de jouer ensemble, leur fait oublier quelquefois le besoin d'aller prendre leur pâtée comme les oiseaux. — C'est la passion du jeu, dira-t-on. — Peut-être : mais elle vient de l'amitié qu'ils ont les uns pour les autres, et plus d'un ne jouerait pas avec un méchant. Bien des hommes éprouveraient la même répugnance : puisqu'ils n'aiment pas les méchants, ils sont bons, ils aiment.

Oui, l'amour, on ne saurait trop le redire, est de tous les besoins et de tous les sentiments le plus naturel à l'homme. Cela est tellement hors de doute, que la première expérience faite par un enfant au premier éclair de sa raison, c'est l'amour, l'amour instinctif pour la femme qui lui donne son lait; et quand le progrès de l'âge lui a fait comprendre qu'elle n'est que nourrice, il l'aime encore : la vraie mère ne trouve parfois d'autre moyen que l'éloignement de cette femme pour mettre un terme à une punition indirecte de l'oubli du plus saint des devoirs.

Rousseau veut que la mère nourrisse l'enfant et que le père l'élève, si c'est possible. Est-ce que l'éducation maternelle ne doit pas précéder, *naturellement*, l'éducation paternelle, ou la dominer en quelque sorte ? La mère n'est-elle pas le premier, le grand précepteur de l'amour ? N'est-ce pas elle qui doit faire bégayer au jeune esprit éclos de son âme le nom de ses parents, le nom de ses petits frères et de ses petites sœurs, s'il en a, — et aussi le nom du bon Dieu, afin de l'initier progressivement au plus sublime, au plus aimable et au plus consolant des mystères de la nature ? Y a-t-il rien au monde qui puisse être plus agréable au divin Créateur, que les aspirations, même inintelligentes, des petits enfants si aimés du doux fils de Marie ?

Le pieux philosophe de Genève ne pouvait entrer dans un temple ou dans une église sans être ému : moi, je n'ai jamais pu voir sans délicieuse émotion la mère faisant prier son enfant sur ses genoux.

O Jean-Jacques ! Jean-Jacques ! *à quoi pensait donc votre grande âme*, lorsqu'elle ne daignait pas descendre jusqu'à parler du bon Dieu à ces charmants petits êtres que les anges mêmes, — eux qui n'ont point de mère, — voient sans doute d'un œil jaloux ? Qu'eussiez-vous répondu si une Cornélie, — car il y en eut toujours parmi les mères françaises, — avait demandé raison de votre froid sophisme en ces termes : « Tu veux, grand philosophe, que je renonce aux premiers soins de l'éducation de mes enfants !... Mais Dieu lui-même n'oserait donner ce conseil à une mère. »

Le beau génie de Jean-Jacques nous aurait fait, au lieu d'un chef-d'œuvre, un livre divin, s'il eût assis l'éducation sur sa véritable base : l'expérience de la piété et de l'amour.

L'éducation porte de bons fruits lorsque l'élève aime le maître, et que celui-ci est digne d'être aimé. Supposons-le tel qu'il doit être : se bornerat-il, par exemple, à faire en sorte que l'enfant apprenne de lui-même, comme le veut notre philosophe, que le soleil se lève d'un côté et se couche d'un autre? Attendra-t-il que ce jeune et curieux esprit devienne adulte, pour l'amener à faire cette réflexion naïve, et pourtant si naturelle : — Le soleil est donc vivant, puisqu'il se lève et qu'il se couche? car il n'y a que les êtres vivants qui marchent tout seuls sur la terre.

Et si, plus tard, un de ces affreux athées qui ne respectent rien, pas même l'enfance, osait lui dire : *Tout cela se fait par la force de l'attraction universelle*, il répondrait sans doute : « Ah ! je comprends ! Il y a un Être fort, puisqu'il y a une force : le monde marche tout seul comme une montre, parce qu'il y a un horloger. » — S'il ne savait pas le dire, il le penserait.

Une autre expérience non moins importante, que l'on néglige dans l'éducation, est celle des misères humaines. Un tel enseignement doit se faire surtout en exemples. On a vu de tout petits enfants, instruits de la sorte, donner en secret leur pain aux pauvres ou le partager avec eux.

L'émulation est une excellente chose, lorsqu'on apprend aux élèves à ne la séparer jamais de la modestie et de l'amour : vaincus, ils aiment et glorifient leurs vainqueurs; plus heureux, ils n'insultent point aux vaincus, et remercient Dieu de leur victoire.

Voilà une éducation religieuse sans bigotisme et

morale sans hypocrisie : elle vaut bien celle d'Emile, ce nous semble, et peut convenir aux deux sexes.

Il serait sage de faire apprendre un métier manuel à l'enfant riche ou pauvre : bonne idée de Rousseau. On a vu des rois de France ne point dédaigner l'outil du travailleur : pourquoi les élèves de toutes nos écoles républicaines n'auraient-ils pas cela, puisqu'ils ont la gymnastique ? On s'étonne qu'une institution si utile, si peu coûteuse, si propre à honorer l'industrie et à faire des hommes, ne soit pas devenue européenne.

C'est encore une excellente chose, non d'exclure l'enseignement des langues mortes, mais de faire des langues vivantes la base essentielle des études. Rousseau est peut-être excusable de s'en tenir à la langue maternelle : il était loin de prévoir les miracles scientifiques et industriels de notre époque.

Parlons maintenant du *Contrat social.*

« S'il y avait un peuple de Dieux, dit Rousseau, « il se gouvernerait démocratiquement : un gouver- « nement si parfait ne conviendrait pas à des hom- « mes. »

Maxime hautaine, *mais décisive*, ajoute M. Saint-Marc-Girardin, qui prend le philosophe de Genève pour un aristocrate !...

Rousseau croit la démocratie absolue impossible, et il a raison ; mais il en veut une qui en approche, et il l'appelle aristocratie élective : or, il est évident qu'une aristocratie élective n'est autre chose qu'une démocratie. Dès que le citoyen est électeur du pouvoir, sa liberté reste entière et il est, en quelque sorte, souverain lui-même, comme participant à la création temporaire de la souveraineté. Il est même au-dessus d'elle, autant qu'un pouvoir électeur est au-dessus d'un pouvoir éligible.

Les *Lettres de la montagne* renferment cette distinction remarquable :

« Le meilleur des gouvernements est l'aristocra-
« tique *(électif)*; la pire des souverainetés est l'aris-
« tocratie *(non élective).* »

Dans le *Contrat social* on trouve une réflexion fort sage :

« Si cette forme de gouvernement *(l'aristocratie*
« *élective)* comporte une certaine inégalité de
« fortunes, c'est afin qu'en général l'administration
« des affaires publiques soit confiée à ceux qui
« peuvent le mieux y donner tout leur temps. »

Cela n'a aucun rapport avec le régime censitaire que nous avons eu pendant trente ans, et que M. Saint-Marc-Girardin regarde comme *l'idéal de Rousseau.* Il y a une grande différence entre une monarchie constitutionnelle héréditaire, dont ce philosophe n'eut jamais l'idée, et une aristocratie élective.

On a prétendu aussi que Rousseau tolère la servitude dans les républiques. C'est une erreur : il parle de *telles positions malheureuses où l'on ne peut* conserver sa liberté qu'aux dépens de celle d'autrui, et il donne pour exemple l'ilotisme à Sparte. Il y a là une expression de regret, pas autre chose; mais nous avouons qu'il a eu tort de ne pas exprimer un blâme formel. En aucun cas, le législateur ne doit sacrifier la liberté des uns à la sécurité des autres : le droit de conquête ne saurait être une excuse.

Nous n'approuvons pas non plus ce passage de son article de l'*Encyclopédie* sur l'économie politique :

« C'est une des plus importantes affaires du gou-
« vernement de prévenir l'extrême inégalité des
« fortunes, non en enlevant les trésors à leurs pos-
« sesseurs, mais en ôtant tous les moyens d'en
« accumuler, ni en bâtissant des hôpitaux pour les
« pauvres, mais en garantissant les citoyens de le
« devenir. »

Nous avons déjà dit pourquoi le luxe est chose parfaitement légitime : l'inégalité des fortunes l'est-elle moins ? Peut-on assigner des bornes à la juste récompense de l'aptitude, de la bonne conduite et du travail ? Ce serait décourager, étouffer le génie de l'homme. — Quant aux hôpitaux, leur utilité est incontestable : s'ils n'existaient pas, y aurait-il moins de malheureux ? Leurs souffrances augmenteraient : voilà tout. L'unique remède à cette affreuse plaie sociale, c'est que les hommes deviennent plus religieux, plus sages et moins égoïstes : pour atteindre ce but, il faut instruire les pauvres comme les riches et rendre l'instruction obligatoire. C'est le meilleur moyen de réformer les mœurs et de détruire la misère : elle serait beaucoup diminuée, sinon détruite.

Mais nous ne pouvons blâmer l'avis de Rousseau sur une autre question :

Des peuples vraiment chrétiens, tels que les comprend Montesquieu, seraient d'excellents soldats; des peuples chrétiens, tels que les comprend notre philosophe, c'est-à-dire suivant la lettre plutôt que l'esprit de l'Évangile, comme le font d'innombrables dévots, seraient les plus mauvais soldats du monde. L'un et l'autre sont dans le vrai.

Rousseau paraît croire que la démocratie ne convient qu'aux petits États : les républiques américaines ont prouvé le contraire, — les États-Unis surtout, depuis l'abolition de l'esclavage, car c'est la plus grande république qui existe. Sans doute il disait cela par prudence, puisque cette réflexion lui échappe sur le *Projet de paix perpétuelle :* « Réali-« sez la république européenne pendant un seul « jour, c'est assez pour la faire durer éternellement, « tant chacun trouverait par expérience son bien « particulier dans le bien commun (1). »

Ailleurs il dit une chose qui semble tyrannique et qui est loin de l'être :

« Le droit que chaque particulier a sur son pro-

(1) On voit que l'idée des *États-Unis de l'Europe* n'est pas nouvelle.

« pre fonds est toujours *subordonné au droit que la* « *communauté a sur tous*, sans quoi il n'y aurait ni « solidité dans le lien social, ni force réelle dans « l'exercice de la souveraineté. »

Le droit de la communauté est absurde, si l'on admet le droit primitif de premier occupant, posé en principe par le philosophe de Genève ; mais il cesse de l'être, dès qu'il est fondé, comme je l'entends, sur le principe de l'union fraternelle : c'est elle seule qui fait la patrie. Par le contrat social fondé sur elle, chaque membre de l'État, loin d'aliéner sa liberté, la sanctifie en quelque sorte. Dans le système contraire, basé sur l'intérêt et sur la force, les capacités perverses ont beau jeu : de là les injustices et les oppressions d'homme à homme, de famille à famille, de peuple à peuple.

J'arrive à la partie la plus délicate de notre sujet, et je commence par poser cette question de l'auteur des *Lettres de la montagne* :

« Où est le mortel sur la terre qu'un raisonnement doive offenser ? »

J'espère donc que nul ne s'offensera de ce que je vais dire.

Pour bien saisir l'esprit tolérant, si méconnu, de la religion d'État qu'exige Rousseau, il faut comprendre son *Vicaire savoyard*.

Et d'abord je signale l'erreur de ceux qui ont cru voir une contradiction dans la belle page sur les Ecritures. Je connais un déiste qui ne croit ni aux miracles ni à la divinité de Jésus : il n'en professe pas moins pour la Bible une admiration aussi vive que celle de Rousseau, et il aime à répéter ces excellentes paroles : *Si la vie et la mort de Socrate sont d'un sage, la vie et la mort de Jésus-Christ sont d'un Dieu.* On peut vivre et mourir comme pourrait le faire un Dieu-homme, et n'être pas un Dieu : telle est la pensée de ce déiste, et telle fut, sans aucun doute, celle du philosophe genevois. Ne dit-on pas tous les jours d'une personne vertueuse, *c'est un ange*, comme on disait autrefois d'un grand homme, *c'est un Dieu?* La fameuse page n'est donc autre chose qu'un cri d'admiration arraché à un déiste par le plus beau des livres et le plus sage des hommes : il n'y a donc pas contradiction. La doctrine est exactement la même que dans les *Lettres de la montagne*, où la logique la plus subtile et la plus nerveuse prend la forme d'une incomparable éloquence. Jésus-Christ lui-même nie formellement sa divinité dans ces remarquables paroles, si peu remarquées pourtant : *Pourquoi m'appelez-vous bon? Nul n'est bon que Dieu seul.* Nous défions les plus subtils théologiens de réfuter cela.

Trois évangélistes sur quatre affirment cette parole du prétendu *fils de Dieu*, qui se qualifiait *fils de l'homme*. D'ailleurs quiconque a lu *L'origine de tous les cultes* par Dupuis, dont le seul tort fut d'être athée, n'ignore point que le Christ n'est autre chose que le soleil, qui semble naître à la Noël où les jours croissent, ressusciter avec la nature après trois mois d'hiver ou de mort, et s'élever dans les hauteurs des cieux à l'époque de l'Ascension. Le signe de la Vierge et la constellation du Serpent donnent la clé du mystère de l'*Agneau*, — *sauveur du monde* comme le fut le bœuf Apis, quand le soleil entrait, le 25 mars, dans le signe du Taureau. Plusieurs Pères de l'Église ont été frappés eux-mêmes des évidents rapports de nos fêtes avec toutes les fêtes païennes dans l'Inde, en Perse, en Egypte, en Grèce et à Rome, sous des noms divers, et l'éloquent auteur de l'*Apologétique* ne trouve pas de plus éloquente raison à en donner que d'en faire l'œuvre du diable !.....

L'histoire véritable des temps fabuleux par le très-catholique Guérin du Rocher, est loin d'être la véritable : tout lecteur instruit et de bonne foi ne peut en disconvenir.

L'erreur possible de Dupuis sur l'antiquité du zodiaque de Denderah ne prouve rien contre la savante et irréfutable démonstration de *l'origine de tous les cultes*. Nous ferons en outre observer que l'inscription hiéroglyphique du nom de Tibère qu'y a déchiffrée Champollion n'est pas une preuve plus solide que pourrait l'être dans vingt mille ans l'étrange et honteuse dédicace qu'on lit en lettres d'or sur l'Arc-de-triomphe de notre ville : *A Napoléon III Marseille reconnaissante.*

Quant au *fils du Dieu vivant*, il a dit de lui-même ce que nous sommes tous par notre premier père. Croyons à deux choses que l'on ne peut nier sérieusement, *Dieu et l'immortalité de l'âme :* cela suffit pour être juste, charitable, bon parent, bon citoyen; et au nom d'un pareil dogme on ne verra jamais torturer ni brûler personne.

La religion d'État, que Rousseau appelle *religion civile*, est-elle une chose détestable, tyrannique, propre à ne faire que des hypocrites, comme le pense M. Saint-Marc-Girardin ?

Les dieux païens n'étaient point des dieux jaloux, dit notre philosophe : ce qui veut dire que les religions modernes sont jalouses, intolérantes, sanguinaires même, car elles ont fait plus de victimes, non-seulement que les persécuteurs des chrétiens, mais que toutes les guerres non religieuses qui ont désolé la terre.

Les païens prévirent que ceux dont le royaume n'est pas de ce monde ne manqueraient pas de réunir les deux pouvoirs, le spirituel et le temporel, s'ils devenaient les plus forts. Ils prévirent juste : l'établissement légal de l'inquisition d'autrefois et la question romaine d'aujourd'hui en sont deux preuves, l'une atroce, l'autre infiniment regrettable pour le catholicisme. Toute institution qui ment à son principe doit périr.

Rousseau a donc tort de vouloir une religion civile? Non assurément. Cela vous paraît contradictoire, n'est-ce pas ? Eh bien ! vous allez voir que c'est de la tolérance universelle, et de la plus large :

Si Dieu n'existait pas, il faudrait l'inventer :

Tel est le principe politique de l'athéisme, posé par Voltaire, qui pourtant croyait en Dieu. L'expérience de tous les siècles démontre, en effet, que le peuple et ceux qui le gouvernent sont injustes, méchants, féroces, dès qu'ils perdent tout sentiment religieux. Il est impossible d'expliquer autrement les épouvantables horreurs de la première révolution française, par exemple : donc, de l'aveu même des athées qui ont le sens commun, la négation de toute religion est un crime contre l'ordre social ; donc l'État qui s'y montre indifférent méconnaît le premier de ses devoirs : il ôte à la loi toute sanction, il se suicide moralement.

Si la loi athée est un non-sens et un crime contre la loi même, il faut une religion protectrice de l'ordre social ; oui, il en faut une, il n'y a pas de milieu : ou plutôt il y en a un, et c'est là que se montre dans tout son jour la profonde sagacité politique du génie de Rousseau. Admettre légalement un culte, c'est de l'intolérance là où il y en a plusieurs ; car le culte de la majorité n'est pas celui de la raison, c'est celui de la force. Il n'y a donc rien de mieux à faire que d'admettre le dogme fondamental qu'ils admettent tous : *Dieu et l'immortalité de l'âme.* Ici, enfin, on est d'accord, la paix est faite ; toute crainte de dissensions religieuses est bannie pour jamais, puisque l'ordre social et le sentiment religieux sont également sauvegardés. — Voyez maintenant les conséquences : comment un athée s'insurgerait-il sans crime contre ce qui est admis par tous les cultes et par l'État ? Et qui osera l'accuser d'hypocrisie, s'il est assez sage pour respecter ce qui est généralement reconnu comme indispensable à l'ordre social? Il remplit alors un devoir politique et fait acte de bon citoyen : les croyants divers remplissent tout à la fois un devoir politique et religieux.

Je serai peut-être mieux compris, quand j'aurai démontré que la foi n'est pas une vertu : c'est une *vertu théologale*, c'est-à-dire une obligation imposée par le culte. Dès qu'on met, par la charité, sa conduite en harmonie avec la foi, alors seulement il y a vertu. Un catholique peut donc prier dans un temple, et un protestant dans une église, sans être pour cela un profanateur. Il serait à désirer que tous les croyants divers, sans aucune exception, fissent ainsi, ou qu'il y eût pour tous un seul lieu de prière dans lequel chaque culte aurait son autel : de quel œil miséricordieux le *Tout-Amour* ne verrait-il pas tant de tolérance, tant d'amour !

De toutes les impiétés la plus stupide et la plus horrible peut-être est celle du prêtre qui refuse ses prières à quiconque meurt dans une foi différente de la sienne.

Il serait si facile aux croyants divers d'être d'accord ! Il leur suffirait pour cela de comprendre que toute foi est respectable comme la conscience, son inviolable refuge. En d'autres termes, Dieu ne pourrait, sans injustice, nous demander compte des erreurs d'une raison faillible que nous tenons de lui : or, cette raison faillible est seule juge des arguments qu'on lui oppose pour la convaincre qu'elle doit s'abstenir de juger ; une pareille abstention est donc illusoire, et vouloir en faire la base d'un dogme, c'est vouloir que l'autorité divine se mente à elle-même.

Cela ne veut pas dire que toute religion est inutile, mais qu'elle est toujours, et avant tout, *acceptée par la raison individuelle*, qui est seule juge de toutes vos raisons. Que devient alors la prétendue infaillibilité du Pape ? Beaucoup de prélats qui l'ont votée ne peuvent assurément se regarder sans rire (1).

Une religion quelconque est dans la nature de l'homme, qui ne peut pratiquer le bien sans croire à un juge équitable et suprême : s'il existe des athées vertueux sincèrement, véritablement, sans ostentation et sans intérêt, plus monstrueuse que leur doctrine est leur inconséquence. Mais telle foi obligatoire plutôt que telle autre n'en est pas moins une chose absurde. Qu'importe à Dieu notre foi musulmane ou chrétienne, si nous faisons le mal ? Que lui importe encore notre foi, si nous faisons le bien ? Le simple bon sens nous dit que nous devons être jugés, non d'après nos croyances, mais d'après nos

(1) Le sens commun dit assez que les choses surnaturelles ne peuvent être l'objet d'un vote : Galilée, au nom de la science, eut seul raison contre tous les juges *infaillibles* qui le condamnèrent au nom de la foi.

actes. Dans la plus belle de ses paraboles, Jésus-Christ oppose un Samaritain à un prêtre, — d'un côté la vertu sans l'orthodoxie, de l'autre l'orthodoxie sans la vertu, — et il donne au premier la préférence : c'est toute la doctrine du *Vicaire savoyard* et des *Lettres de la montagne.*

La foi n'est donc pas une vertu : c'est tout simplement une croyance, qui peut être une erreur. L'espérance, autre *vertu théologale*, est une sincère confiance en Dieu, une pieuse aspiration vers l'éternel amour. Si nous étions parfaitement heureux en ce monde, nous n'aurions rien à espérer : l'espérance est donc la fille de l'infortune ; c'est un aveu de notre faiblesse et de notre misère; c'est une consolation, et non une vertu. Il n'y a qu'une seule vertu, la charité, que d'autres appellent fraternité. Elle embrasse tout : nos devoirs envers Dieu, envers nos semblables et envers nous-mêmes. En effet, l'homme n'aime véritablement Dieu et ne s'aime véritablement lui-même qu'en aimant ses semblables.

Quiconque meurt librement pour sa foi politique ou religieuse, — et je n'en excepte point le pauvre sauvage idolâtre, — est plus qu'un martyr, c'est un héros ou un saint. Le beau d'une telle mort, ce n'est point la foi : c'est le sublime sacrifice d'une âme libre. Mais bien plus grands devant Dieu sont les martyrs de la charité ; et, parmi ceux-ci, les plus humbles et les plus inconnus; et, parmi ces derniers, ceux qui meurent sans souci de la gloire. Il n'y a donc, je le répète, qu'une vertu, une seule :

l'amour. C'est toute la beauté morale de l'homme; c'est la beauté et la vie de Dieu même : car Dieu, l'Être infini, serait le plus malheureux des êtres, et, par conséquent, cesserait d'être, s'il n'aimait pas.

Il n'est donc pas bien difficile de comprendre quelle doit être la récompense des justes dans un monde meilleur : peut-il y en avoir une autre que l'amour?

De tous les dogmes, il n'en est qu'un seul sur lequel les peuples soient unanimes : *Dieu et l'immortalité de l'âme;* et c'est la plus grande preuve que ce dogme seul est la vérité. Il est catholique, celui-là, car c'est bien la religion universelle. Cette religion, — multiple dans sa forme, qui est le culte, mais *une* dans sa morale, qui est l'*amour*, — est la seule vraiment digne de l'homme, parce qu'elle est la seule qui lui impose, pour toute condition de salut, une loi aussi belle qu'aisée à suivre : *Aimez-vous les uns les autres.* Le jour où cet unique *Credo : Foi libre et Charité*, sera inscrit sur la bannière de tous les cultes et en tête de tous les codes nationaux et internationaux, ce jour-là commencera le règne de l'âge d'or des peuples. Nous y marchons depuis que les Descartes et les Jean-Jacques, avec le tout-puissant et pacifique glaive de leur logique et de leur éloquence, nous ont fait conquérir sur le pouvoir ténébreux, cruel, abrutissant, du fanatisme et de la tyrannie, le droit de penser et celui d'être libres.

Pour former ou réformer les mœurs, il n'y a

qu'un moyen : c'est un enseignement religieux, mais large, c'est-à-dire universellement tolérant, excepté pour les fourbes et les traîtres. Toutes les révolutions religieuses ou sociales ont leur point de départ dans la famille : témoin les grands hommes qui, depuis Aristote et Platon jusqu'à Descartes et Jean-Jacques Rousseau, ont tour à tour remué, éclairé, transfiguré le monde. Voilà pourquoi l'éducation domestique, — insuffisante, à cause de son isolement même, pour assurer la marche régulière et progressive de l'esprit humain, — doit être dominée par une sage et forte éducation républicaine. Mais quand cette éducation est cléricale ou jésuitique, le corps social, atteint mortellement dans sa sève comme par un ver rongeur, ne se sent pas même mourir, tant ils sont lents, les progrès du mal qui le tue ! Enfin une révolution éclate, sûre de son triomphe, parce qu'elle s'est retranchée depuis des siècles dans l'inviolable foyer de la famille : c'est ce qui est arrivé en 89. A l'heure qu'il est, la grande transfiguration sociale commence à peine : elle sera entièrement accomplie quand tous les peuples seront frères, — n'ayant qu'un dogme, *Dieu et l'immortalité de l'âme*, et qu'une forme de gouvernement : *La République fédérative universelle.*

ÉLOGE DE TURGOT [1]

> Les grands hommes sont des météores destinés à brûler pour éclairer leur siècle.
>
> (NAPOLÉON Ier.)

Anne-Robert-Jacques Turgot, baron de l'Aulne, appartenait à une ancienne famille de Normandie, dont plusieurs membres occupèrent avec distinction les hautes charges de la magistrature. Il eut le bonheur de trouver dans son père l'exemple des vertus qu'il devait un jour pratiquer lui-même : économie, intégrité, désintéressement parfait, dévoûment sans bornes au bien public, et surtout aux intérêts du pauvre; courage civil, dont il donna une preuve éclatante (2) : telles furent les leçons pratiques de sagesse et de patriotisme que ce noble père sut donner à ses fils. Jacques Turgot les comprit de

(1) La première édition de cet opuscule a paru en 1849.

(2) Un jour, dit Condorcet, il se jeta seul entre deux troupes de gardes françaises et suisses prêtes à se charger, et saisit le bras de l'un d'eux déjà levé pour frapper : son attitude ferme et digne fit tout rentrer dans l'ordre.

bonne heure; il comprit que la dignité de l'homme est tout entière dans la science et dans la vertu.

On ne le voit pas sans admiration, à un âge encore tendre, distribuer en secret son argent à de pauvres amis de collége, pour leur fournir les moyens d'acheter des livres utiles.

Il en est de la vertu comme du vice : l'homme qui, dès l'enfance, a contracté l'habitude des sentiments généreux et puisé dans une éducation forte le goût des grandes choses, en conserve dans l'âme une impression que le temps ne peut effacer. La vie de Turgot en est la preuve.

Pour bien connaître le caractère de cet homme illustre, il faut l'étudier d'abord comme philosophe; car la philosophie a été pour sa jeunesse un magnifique début dans la carrière de la science, et c'est la philosophie qui a fait de lui un économiste profond, un homme d'État vertueux et éclairé.

Deux discours, prononcés en Sorbonne, révélèrent tout à coup son génie.

Dans le premier, il fait voir la salutaire influence exercée de tous temps par la religion chrétienne sur la société moderne. Il nous la montre, cette religion sainte (1), laissant bien loin derrière elle tous les sys-

(1) Les vrais chrétiens ne confondent jamais la religion du Christ avec celle des prêtres qui osent dire : *hors de l'Eglise point de salut,* et mettent ainsi, dans un intérêt de caste et de domination facile à comprendre, la Foi avant la Charité. Cette doctrine impie est tout le contraire de ce que nous enseigne l'évangélique parabole du bon Samaritain.

tèmes, renversant l'idolâtrie par le seul ascendant de la vertu, corrigeant les mœurs, humiliant les rois, abolissant l'esclavage, répandant avec prédilection ses bienfaits sur le pauvre, et unissant tous les hommes par l'amour; il nous la montre conservant à la postérité le précieux dépôt des chefs-d'œuvre de la Grèce et de Rome, mais flétrissant ces législations barbares, et pourtant si admirées, qui, pour satisfaire l'ambition d'un seul peuple, ne craignaient pas d'être injustes et d'outrager la nature. Le christianisme, au contraire, ne s'est pas attaché à une seule nation : il a embrassé tout l'univers. Si son influence a été puissante, immense, irrésistible, c'est qu'il plaidait une cause sublime : il plaidait la cause de l'humanité.

Dans le second discours, Turgot raconte, avec une grande force d'expression et de pensée, les progrès successifs de l'esprit humain. Comme il saisit d'un coup d'œil profond le lien secret qui unit entre eux tous les siècles ! Depuis son origine, l'humanité est en travail; chaque vérité nouvelle enfante une révolution; les idées succèdent aux idées, les peuples aux peuples, et, malgré ses erreurs, *la masse totale du genre humain marche toujours, quoique à pas lents, à une perfection plus grande.* Ici les arts utiles naissent des besoins de l'homme; là les signes multipliés du langage font briller la lumière intellectuelle au milieu d'épaisses ténèbres. D'autres sociétés se forment, et avec elles d'autres langues. Certains peuples, animés de l'esprit des conquêtes, se mêlent, se confondent, puis disparaissent, pour faire place à des peuples nouveaux. Quelques-uns, ensevelis, pour ainsi dire, dans un coin du globe, vivent isolés et inconnus ; ce n'est que pour un temps : l'œil du génie finira par les découvrir. Déjà la philosophie se révèle au monde, et devient, au milieu des écueils du paganisme, la boussole de l'esprit humain : fille de la justice et sœur de la liberté, elle porte son flambeau à Athènes, à Rome, dans tout l'univers. Les sophistes l'outragent, la mutilent, la persécutent ; ils veulent l'anéantir ; mais elle se fait chrétienne, et, de cette époque, date la grande régénération de l'humanité. L'imprimerie prête enfin à cette pauvre humanité souffrante le secours de sa magique puissance : dès-lors tous les obstacles sont franchis ; les idées se propagent et fermentent dans toutes les têtes. Pendant que Colomb découvre un nouveau monde, mais un monde matériel, des esprits plus audacieux en cherchent un autre infiniment supérieur : Descartes paraît, et cet autre monde est trouvé !

Un jeune séminariste de vingt-trois ans, qui, à dix-neuf, avait déjà relevé plusieurs erreurs de Buffon sur la théorie de la terre, traça ce vaste et magnifique tableau où il prédit en passant l'indépendance de l'Amérique, et que résument ces paroles si remarquables : *le genre humain, considéré depuis son origine, paraît aux yeux du philosophe un tout immense, qui lui-même a, comme chaque individu, son enfance et ses progrès.* La pensée du progrès est donc le seul lien réel des générations entre elles. Quelle en est, de nos jours, la condition indispensable? Le christianisme : or, remarquez bien que, dans le christianisme, vous retrouvez la philosophie elle-même.

Turgot se sentait peu de vocation pour la carrière ecclésiastique. Une autre carrière, non moins honorable, non moins difficile, s'ouvrit devant lui. Magistrat à vingt-six ans, il fit voir ce qu'on devait attendre d'un jeune philosophe, plein d'un immense amour de l'humanité. Les sectaires et les sophistes ne peuvent comprendre un tel amour : ils ne croient à la vertu que dans ceux qui leur ressemblent; ils ne sentent pas combien doit être aimé de Dieu celui qui n'aime que la vérité, celui qui consacre à la défendre ses facultés, sa vie, toute son âme.

Si une simple notice permettait de longs détails, nous montrerions, dans le philosophe Turgot, le maître des requêtes s'appliquant avec un zèle infatigable à fonder la liberté du commerce, à protéger l'agriculture, à faire triompher partout les vrais principes de l'économie politique, et à marquer tous ses actes du caractère de la modération et de l'équité; nous montrerions surtout l'intendant de Limoges, faisant bénir son nom par tout un peuple, pendant treize années consécutives. Des collègues le raillent, ils l'accusent d'introduire dans l'État des nouveautés : mais les railleries, il les méprise; les nouveautés, il les poursuit avec ardeur, quand elles sont utiles. Les corvées abolies, les impôts rectifiés par le cadastre, des ateliers de bienfaisance organisés, des canaux creusés, des routes tracées, l'agriculture et le commerce rendus florissants, et les familles pauvres trouvant du pain dans une affreuse disette, voilà des nouveautés qui devaient paraître bien étranges à des âmes égoïstes. Turgot, en faisant le bien, ne voulait pas le faire seul : il y invitait tous les fonctionnaires de sa province, et l'on possède encore les lettres touchantes qu'il adressait particulièrement aux curés, pour éveiller dans leurs cœurs le sentiment de la charité chrétienne.

On lui reproche d'avoir siégé au parlement Maupeou, lorsque sa charge de maître des requêtes lui offrait l'occasion de faire un acte courageux d'indépendance : mais peut-on mettre en doute le désintéressement d'un homme dont toute la vie a été, pour ainsi dire, un sacrifice aux intérêts du peuple ? Les faits parlent plus haut que tous les soupçons et nous disent que Turgot crut obéir, en cette circonstance, à la voix de la justice. Au milieu des tempêtes que le fanatisme et l'ambition soulevèrent autour de lui, on le vit toujours calme, toujours prêt à frapper sur les ennemis de la vérité des coups inattendus. Aux monopoleurs, il opposait sans cesse la liberté du commerce ; aux courtisans, des mœurs pures et austères ; aux prêtres sans modération, d'immortelles pages sur la tolérance ; aux sceptiques comme Berkeley, des arguments pleins de profondeur et de logique. Nous ne prétendons pas défendre toutes les opinions philosophiques de Turgot, celles qu'il a émises, par exemple, sur la doctrine de Locke et sur la perfectibilité indéfinie du genre humain : selon nous, les idées ne viennent pas des sens, mais de la seule raison, puisque c'est la raison seule qui connaît; selon nous, la perfectibilité indéfinie de l'homme dans ses connaissances est réelle, mais la perfectibilité indéfinie de ses facultés n'est qu'une chimère. Non, nous n'approuvons pas Turgot dans toutes ses idées, mais nous l'admirons dans toutes ses vertus; nous l'admirons dans tous ses actes politiques, parce que, dans tous, il s'est montré juste et humain. Un tel philosophe, au milieu de la philosophie impure du dix-huitième siècle, est comme un génie bienfaisant qui répand sa douce lumière au fond d'un abîme.

Il est temps d'étudier dans Turgot l'économiste judicieux et savant, à qui Smith doit une partie de sa gloire.

La source primitive de toute richesse, c'est la terre. Elle produit, non-seulement la nourriture de l'homme, mais encore les vêtements qui le couvrent et les métaux dont il se sert pour les divers usages de la vie. Cependant un partage égal du sol productif est impossible au milieu de l'inégalité nécessaire des conditions : il n'est donc pas fondé sur le droit naturel.

Voyez les mille productions de la terre : combien de préparations successives n'ont-elles pas à subir! Ce sont là les matériaux d'une foule d'états différents qu'un seul homme ne peut embrasser. Le plus utile est celui du laboureur, puisqu'il procure directement aux hommes leur subsistance, et plus que leur subsistance. Cet état doit être appelé *productif*, par opposition à celui des *stipendiés*, qui sont les artisans. On a eu grand tort, selon nous, de blâmer cette distinction : en effet, les stipendiés sont ceux qui travaillent les produits de la terre, tandis que les laboureurs travaillent la terre elle-même, qui produit tout. Aussi ces derniers étaient-ils, dans l'origine, les propriétaires. Ils ont trouvé ensuite dans la surabondance de leurs biens une vie tranquille et des bras salariés pour la soutenir. Cette troisième classe est la classe *disponible*, parce qu'une partie de ses revenus entretient les fonctionnaires publics.

Si les deux classes laborieuses se ressemblent par le gain de leur travail, elles diffèrent essentiellement par son objet : celle des artisans est *stérile*, comme se bornant à préparer ou à façonner les produits du sol (1).

Par combien de méthodes les propriétaires peuvent-ils faire valoir leurs biens-fonds ? Turgot en compte cinq : la première, beaucoup trop dispendieuse, consiste dans l'emploi d'ouvriers à salaire

(1) Mais elle n'est pas la moins importante des classes ouvrières ; car sans les instruments qu'elle confectionne, les hommes ne pourraient bâtir des maisons, cultiver les terres, préparer leur nourriture, fabriquer les étoffes qui leur servent de vêtements ; ils ne jouiraient d'aucun des avantages matériels d'une société civilisée.

fixe ; la seconde a recours aux esclaves, elle ne convient qu'aux pays barbares ; la troisième est celle des rentes, et n'est autre chose qu'un abandon de la propriété. Les deux dernières sont les plus convenables : c'est *la culture des métayers dans les pays pauvres*, *et la culture des fermiers dans les pays riches.* Les métayers, recevant la moitié des récoltes, sont intéressés aux progrès de l'agriculture ; les fermiers le sont également, puisqu'ils l'exploitent à leur profit.

De l'agriculture au commerce, il n'y a qu'un pas. Les besoins multipliés des hommes donnèrent lieu aux échanges, qui d'abord se firent en nature, et dont l'étendue toujours croissante rendit enfin nécessaire l'invention d'un signe représentatif de chaque chose vendue : telle est l'origine de la monnaie. L'or et l'argent ne sont donc, à proprement parler, que des marchandises, puisqu'ils en sont l'équivalent, comme une marchandise est l'équivalent d'une autre ; donc la marchandise est monnaie, et réciproquement.

Dans tous les cas possibles, c'est toujours une unité convenue qui sert de terme de comparaison pour l'appréciation des valeurs. Dès lors les caractères divers du vendeur et de l'acheteur sont parfaitement dessinés ; mais l'un et l'autre ont besoin d'une richesse mobilière, indispensable pour les travaux lucratifs, et, par conséquent, échangeable contre la terre elle-même. Quel est, par exemple, le propriétaire sensé qui ne vendra pas une portion du sol, afin de cultiver le reste ?

L'argent est lui-même une source de richesse, puisque, transformé en terres, en entreprises de culture, d'industrie, de commerce, ou placé à intérêt, il rapporte un certain revenu. L'intérêt courant est, pour ainsi dire, *le thermomètre de l'abondance des capitaux chez une nation*, car plus il est bas, plus les terres ont de valeur. En quoi consiste donc la richesse totale d'un peuple ? Elle consiste évidemment *dans les richesses mobilières et dans le revenu net multiplié par le taux du prix des terres.* Quant au revenu disponible, c'est dans le revenu net lui-même qu'il faut le chercher, la terre seule pouvant fournir tous les capitaux, ainsi que tous les profits de culture, d'industrie ou de commerce.

Mais l'économie politique, sans la liberté, n'est qu'une science sans fondement. La liberté, qui, bien entendue, n'est autre chose que la justice, sera toujours la vraie source de la richesse et du bonheur des nations.

Tels sont les admirables principes développés par Turgot dans le plus célèbre de tous ses ouvrages. Ailleurs il combat, avec une spirituelle ironie, les scrupules théologiques sur le prêt à intérêt ; il réfute aussi le système de Law, et démontre que le papier-monnaie ne peut avoir de valeur que comme signe représentatif de l'argent.

Mais quel sens donne-t-il à ce mot *valeur*, que la plupart des économistes ont si mal compris ? Sa définition est toute philosophique : *La valeur estimative d'un objet,* dit-il, *est le rapport entre la portion de ses facultés qu'un homme peut consacrer à la recherche de cet objet et la totalité de ces facultés.* Elle est de même nature que la valeur échangeable ou appréciative; en effet, dans la première, deux intérêts étant toujours en présence, la différence de la chose reçue avec la chose cédée est égale de chaque côté : et la moitié de cette différence, jointe à la plus faible des deux valeurs, établit entre elles une égalité parfaite qui constitue précisément *la valeur estimative moyenne*, c'est-à-dire la valeur appréciative de l'échange. On voit que le prix et la valeur sont deux choses tout-à-fait distinctes, quoiqu'on puisse, sans inconvénient, les confondre dans le langage ordinaire.

On doit reprocher à l'illustre disciple de Gournay quelques erreurs de détail; mais il a eu la gloire de résoudre le premier les plus difficiles problèmes de la science, et ses successeurs n'ont fait que continuer l'édifice dont il avait posé, d'une main si hardie, les fondements.

Ses travaux de géographie politique et d'histoire sont des ébauches pleines de génie. On y trouve à chaque page les trois choses qui font l'historien et le philosophe : une vaste érudition, une noble indépendance et un amour sincère de l'humanité. Quelque grand que paraisse à nos yeux un homme d'État, comme le fut Turgot, il est bien à regretter qu'un tel homme n'ait pas tenu constamment le pinceau de l'histoire.

Une pensée domine surtout dans ses écrits immortels : c'est cette pensée de justice et de liberté qui devait accomplir tant de prodiges dans la politique, l'agriculture, le commerce et les arts. Mais une telle pensée n'était réalisable tout entière qu'au prix d'une révolution. Les vices honteux du clergé, l'avidité insatiable des monopoleurs, le froid égoïsme des hauts fonctionnaires, l'insouciance et l'affreuse luxure de la cour et des courtisans, avaient frappé au cœur la société française : le sentiment de l'honneur et celui de la vertu s'étaient réfugiés dans quelques âmes d'élite, qui opposaient au torrent une lutte courageuse, incessante, mais désespérée. Au milieu de ce débordement universel de vices et de crimes, les travaux scientifiques et littéraires ne pouvaient faire oublier à Turgot les devoirs du magistrat : toute son ambition, tout son bonheur, était de rendre heureux le peuple de sa province. Il eût été doux pour lui de mourir au sein de ce bon peuple qui le bénissait; mais ailleurs on réclamait aussi ses services, et le portefeuille de la marine lui était offert : sa modestie en fut effrayée. On insistait, il se dévoua.

Ceux qui ont un noble cœur comprendront sans peine que l'homme vertueux qui accepte un ministère, se dévoue véritablement à sa patrie. Quel courage ne lui faut-il pas pour faire le bien ! Il se voit forcé de déplaire au souverain par sa franchise, aux courtisans par l'austérité de ses mœurs, aux financiers par son désintéressement, aux prêtres sans modération par sa tolérance, au peuple même par une impartialité inséparable du vrai patriotisme. Oui, Turgot se dévoua, car sa grande âme, qui connaissait le péril, était résolue à tout braver pour la justice. Nous ne le louerons point d'avoir payé sur-le-champ aux ouvriers de Brest dix-huit mois d'arrérages, ni d'avoir sollicité et obtenu pour un savant illustre (1) une généreuse gratification : ce qu'il fit dans ces circonstances, tout autre aurait pu le faire. Mais nous le louerons d'avoir voulu attacher à la marine française la gloire d'émanciper le commerce de nos colonies, et celle d'abolir partout l'esclavage des noirs, ces parias de la civilisation moderne; nous le louerons surtout de la conduite ferme et digne qu'il a constamment tenue au contrôle général des finances : c'est là qu'une ligue formidable l'attendait; c'est là que son courage civil fut poussé, on peut le dire, jusqu'à l'héroïsme. Il ne manquait à ce nouveau Sully qu'un Henri IV. Le bon Louis XVI n'était pas à la hauteur d'un tel ministre; aussi, ne put-il lire sans une admiration mêlée de crainte les nobles paroles qui terminent le fameux programme daté de Compiègne : « J'ai senti, « lui dit Turgot, tout le danger auquel je m'exposais. J'ai prévu que je serais seul à combattre contre les abus de tout genre, contre les efforts de « ceux qui gagnent à ces abus, contre la foule des « préjugés qui s'opposent à toute réforme et qui « sont un moyen si puissant dans les mains des

(1) Euler.

« gens intéressés à éterniser le désordre. J'aurai à « lutter même contre la bonté naturelle, contre la « générosité de Votre Majesté et les personnes qui « lui sont les plus chères. Je serai craint, haï même « de la plus grande partie de la cour, de tout ce qui « sollicite des grâces. On m'imputera tous les refus ; « on me peindra comme un homme dur, parce que « j'aurai représenté à Votre Majesté qu'elle ne devait « pas enrichir même ceux qu'elle aime, aux dépens « de la subsistance de son peuple. Ce peuple, auquel » je me serai sacrifié, est si aisé à tromper, que « peut-être j'encourrai sa haine par les mesures « mêmes que je prendrai pour le défendre contre la « vexation. Je serai calomnié, et peut-être avec « assez de vraisemblance pour m'ôter la confiance « de Votre Majesté. Je ne regretterai point de perdre « une place à laquelle je ne m'étais jamais attendu. « Je suis prêt à la remettre à Votre Majesté, dès que « je ne pourrai plus espérer de lui être utile ; mais « son estime, la réputation l'intégriré, la bienveil- « lance publique, qui ont déterminé son choix en « ma faveur, me sont plus chères que la vie, et je « cours le risque de les perdre, même en ne méri- « tant à mes yeux aucun reproche. »

Que veut donc ce ministre qui va soulever tant d'orages ? Il veut rendre la France riche et le peuple libre. Il s'oppose d'abord, mais en vain, au rappel de l'ancien Parlement, dont le patriotisme venait de s'éteindre dans l'exil et dans la haine. Les membres de cette assemblée ne sont plus que des magistrats audacieux, toujours prêts à contrarier les vues libérales du ministre et du prince. Turgot laisse gronder l'envie : sa tâche est commencée, il la poursuivra jusqu'à ce qu'une volonté supérieure et aveugle vienne briser le pouvoir dans sa main.

Par des édits successifs, il rend à sa liberté naturelle la vente des grains, des vins et des eaux-de-vie, ces branches si importantes du commerce français; il abolit les corvées, les jurandes, les contraintes solidaires, les droits de marché et de péage, l'odieux impôt de la taille, la servitude non moins odieuse du travail, et les monopoles de toute espèce; il ordonne le rétrécissement des grandes routes qui absorbaient une vaste étendue de terrain, en fait construire de nouvelles, et imprime à la navigation intérieure un mouvement inconnu jusqu'alors; il s'applique surtout à réparer le désordre dans lequel l'infâme Terray, son prédécesseur, avait plongé l'administration financière du royaume. Les fonctionnaires inutiles sont supprimés, les anciennes dettes payées, les concussions sévèrement punies. Nul n'avait le droit de se plaindre : le sage ministre n'avait-il pas donné lui-même l'exemple du désintéressement? N'avait-il pas diminué d'un quart ses propres honoraires? N'avait-il pas repoussé avec indignation les sommes considérables dont le gratifiaient, en renouvelant leur bail, les fermiers généraux? Sa conscience d'honnête homme se révoltait à l'idée de faire ainsi un pacte honteux, pour autoriser la rapine. La France ne tarda point à éprouver les effets de cette administration juste et paternelle : le crédit public se ranima, les manufactures prospérèrent, et le peuple, devenu libre dans son travail, se crut heureux.

Cependant d'horribles complots se tramaient dans l'ombre : des troubles, dont la cherté des grains est le prétexte, éclatent tout à coup à Dijon. L'émeute grandit, se propage, et s'élance rugissante au sein même de la capitale. Plusieurs milliers de brigands, gorgés d'or, taxent eux-mêmes le prix des denrées, les achètent ou les pillent, les dispersent ou les brûlent : leur but est d'affamer Paris. A Versailles, même désordre. Le Parlement, qui paraît fort calme, supplie néanmoins le roi de baisser le prix du pain : l'arrêt est déjà publié, lorsque Turgot arrive et l'annule par un arrêt contraire. La peine de mort fait trembler les séditieux : ils reculent devant la fermeté du ministre, puis disparaissent.

Quels malheurs ce grand homme n'aurait-il pas épargnés à la France, s'il eût trouvé dans Louis XVI un souverain digne de lui ! Le bon prince qui s'écriait dans un moment d'enthousiasme : *Il n'y a que M. Turgot et moi qui aimions le peuple !* ignorait sans doute que, pour aimer le peuple, la bonté du cœur et la pureté des intentions ne suffisent pas : il faut aussi du courage ; il faut oser déplaire aux courtisans et punir les factieux ; il faut oser fonder la puissance du trône sur la justice et sur la liberté. Le plan de Turgot était tracé : la France allait enfin avoir sa Constitution. Chose remarquable ! cette Constitution devait être, à peu de chose près, celle qui nous régit en ce moment. On y voit *un Conseil de l'instruction nationale* et un vaste système de municipalités administrées par des maires, lesquelles se rattachent toutes, comme une chaîne non interrompue, à une municipalité générale, dont le siége est à Paris. La répartition des impôts est partout uniforme, la justice est accessible à tous, l'égalité civile est parfaite. Une grande pensée couronne, pour ainsi dire, cette belle œuvre : c'est la tolérance universelle des *religions qui ne sont pas contraires aux lois de l'État.* Mais le génie qui créa tant de choses utiles eut le chagrin de se voir méconnu : il fut accusé d'ambition par les uns, d'athéisme par les autres ; oui, d'athéisme ! N'avait-il pas voulu, cet impie, soumettre les biens du clergé à l'imposition territoriale ?

Le vertueux Malesherbes, son collègue et son ami, ne crut pas devoir attendre comme lui son renvoi : il offrit sa démission, qui fut acceptée avec empressement. Turgot, plus fier, s'indignait de tomber sous les coups de la calomnie : il ne céda qu'à la volonté royale.

Ce fut un beau jour pour les ennemis du peuple, et ce peuple aveugle partagea lui-même l'ivresse de leur triomphe. Mais tandis que les courtisans étourdissaient Louis XVI par leurs lâches adulations, le vertueux citoyen adressait à l'infortuné monarque cet adieu sinistre et prophétique : « Je conjure « Votre Majesté de se tenir en garde contre la fai-

« blesse; elle est la cause principale de la misère des
« peuples et du malheur des rois : c'est la faiblesse,
« sire, qui a conduit Charles Ier à l'échafaud. »

Si je suivais le ministre disgracié dans sa retraite, je le montrerais toujours fier et libre, cultivant avec délices la poésie, la philosophie, l'histoire, les mathématiques et toutes les branches des sciences humaines. Les hommes avaient été bien injustes; mais il s'en consolait au sein de quelques amis, en pensant à l'immortalité.

Nous ne pouvons mieux terminer son éloge que par ces paroles remarquables où il semble s'être peint lui-même en louant la vertu de Gournay :

« Cette vertu s'est soutenue pendant sa vie entière. Appuyée sur un sentiment profond de justice et de bienfaisance, elle en a fait un homme doux, modeste, indulgent dans la société, irréprochable et même austère dans sa conduite et dans ses mœurs, mais austère pour lui seul, égal et sans humeur dans son domestique, occupé de rendre heureux tout ce qui l'environnait, toujours disposé à sacrifier à la complaisance tout ce qu'il ne regardait pas comme un devoir. Dans sa vie publique, on l'a vu, dégagé de tout intérêt, de toute ambition, et presque de tout amour de la gloire, n'en être ni moins actif, ni moins infatigable, ni moins adroit à presser l'exécution de ses vues, qui n'avaient d'objet que le bien général: citoyen uniquement occupé de la prospérité, de la gloire de sa patrie, et du bonheur de l'humanité. »

FRAGMENTS

DU

GÉNIE DE LA PHILOSOPHIE

Ouvrage inédit de B. ALCIATOR

EXTRAIT DU LIVRE Ier, SERVANT D'INTRODUCTION.

UN RÊVE

—

Par une belle et tiède soirée d'automne, assis sur un banc de gazon, dans une riante villa au bord de la mer, je méditais sur le principe et la fin des choses. J'étais seul avec la nature et avec Dieu. Le paysage qui se déroulait autour de moi était sauvage et grandiose. Aux dernières clartés du jour, qui laissaient encore après elles sur la ligne lointaine de leur évanouissement une rougeur indécise, avait partout succédé la lueur vague et fantastique du crépuscule. A quelques pas de mon solitaire asile, se dressait en amphithéâtre une montagne toute noire d'une végétation puissante, une de ces montagnes superbes, ténébreuses et profondes, qui vous donnent, on ne sait pourquoi, le frisson, quand on les contemple dans la nuit. Ses colossales épaules s'appuyaient sur deux coteaux abruptes, l'un presque nu, l'autre tout assombri comme elles par les pins séculaires, dont plusieurs se tordaient et se penchaient bien au-delà du vertical promontoire : on eût dit des géants prêts à s'élancer dans l'abîme.

Ce beau soir, — le souvenir m'en restera toujours, — était ravissant de poésie et de calme. A ma gauche, derrière la cime des plus grands arbres, le timide croissant se montrait à peine, d'un éclat trop faible encore pour voir s'évanouir devant lui les milliers de mondes qui scintillaient, pareils à des clous d'or radieux, à travers le bleu sombre du firmament et dans les profondeurs non moins sombres du miroir des eaux tranquilles. Ce silence religieux de la nature ; cette étrange harmonie d'un site sauvage et morne avec l'élément uniforme et paisible ; ce mince fragment de lune, précédé d'un immense cortége d'étoiles se confondant, de moins en moins brillantes, avec l'horizon brumeux de la mer et du ciel ; enfin, ces tristes et muets oiseaux de la nuit, qui faisaient sans relâche au-dessus de ma tête leurs voltiges rapides et capricieuses, tandis que, par instants, des noirs méandres de la montagne semblait s'échapper, comme le dernier soupir d'une âme, le faible souffle de la brise expirante : tout cela était bien propre à faire naître en moi de hautes et graves pensées. Bientôt, m'exaltant de plus en plus, je cessai, pour ainsi dire, d'appartenir à la terre; et, prenant mon vol, sur les ailes d'un rêve, jusqu'au-delà des mondes visibles, je vis d'autres milliards de mondes éclairés par des millions de soleils; et, après ces milliards de mondes, encore des mondes, toujours des mondes! — jusqu'à ce qu'enfin, lasse de concevoir et d'admirer, mon âme resta confondue, muette d'épouvante, devant les insondables profondeurs de cet univers dont Dieu seul connaît le centre et les limites, s'il en existe. Alors cet éblouissant et vertigineux panorama de l'infini repassa tout à coup devant la vue troublée de mon imagination comme un mirage qui s'efface, et je me vis entouré d'une nuit noire, tellement noire, qu'il me sembla être plongé dans le néant, dans ce vide effroyable et sans fond que j'avais redouté de découvrir d'abord en franchissant les extrêmes confins du grand TOUT. J'en étais là de mon horrible cauchemar, lorsque du sein de cette nuit profonde, j'entendis sortir une voix qui m'appelait par mon nom. — O grand Être! Être des êtres! est-ce toi? lui répondis-je. — C'est moi-même. Je suis la Vie, la Raison éternelle. Ta bonne foi me plaît : je veux te montrer la vérité que tu cherches. Parle, tu sauras tout, excepté ce qu'il n'est pas donné à l'homme de savoir.

A peine la voix mystérieuse eut-elle achevé ces mots, qu'une douce et limpide clarté, dans laquelle je me sentais nageant avec délice, remplaça tout à coup les ténèbres; et, mille fois plus heureux que

Scipion dans son rêve, je pus jouir d'un dialogue familier entre la Raison éternelle et mon humble raison sur les choses les plus importantes de la vie humaine. J'en fais part à mes lecteurs et à mes aimables lectrices comme d'une introduction à mon sujet, et peut-être se plairont-ils à convenir que tous les songes ne sont pas trompeurs.

EXTRAIT DU IIIme LIVRE QUI A POUR TITRE : *Influence du génie de la philosophie sur le bien-être matériel, intellectuel et moral de la société.*

La première contrée qui frappe les regards du philosophe, après l'Inde et la Chine, — ces antiques berceaux de la civilisation, — c'est l'Egypte, terre célèbre où le législateur des Hébreux lui-même se glorifie d'avoir étudié la science.

La religion et les lois étaient la base de l'enseignement public; aussi le peuple égyptien a-t-il été le plus religieux et le plus soumis de la terre. Il y avait là une plaie profonde : la sacerdocratie. Pour maintenir son pouvoir, le prêtre entretenait dans les cœurs une crainte superstitieuse et servile.

A cette école de superstition et de servitude furent élevés les Hébreux. Mais Moïse, fils adoptif de la fille d'un roi, étudia de bonne heure la théologie occulte des prêtres : il s'empara de leur science et ne leur laissa que leur orgueil. Son brûlant patriotisme, s'armant de l'autorité de Dieu même, poussa le cri de Liberté, — le premier peut-être qui ait retenti dans le monde. Nous ne le suivrons pas dans les solitudes d'Horeb, de Sinaï et de Sin : mais nous constatons que son enseignement public fut profondément philosophique. Bossuet lui-même appelle ce grand législateur le plus sublime des *philosophes*, bien qu'alors un pareil mot n'existât dans aucune langue. La religion qu'il fonda était un pur *déisme*, et les théologiens prétendent qu'un pareil culte est impossible. Grâce au déisme pourtant, — que Moïse eut le tort de transformer, pour ainsi dire, en une haine féroce et implacable contre toute nation idolâtre, — le peuple israélite eut bientôt ses jours de gloire, après qu'il eut conquis une patrie. Dès lors, le patriotisme se confondit avec l'amour de Dieu, et ces deux nobles sentiments firent partie essentielle de l'éducation : ils inspirèrent ces hommes à l'âme fière et indépendante, qui donnaient des leçons aux rois et consacraient leur vie à pleurer sur les malheurs futurs de Jérusalem ou à chanter ses triomphes ; ils inspirèrent tous les héros défenseurs de la cité sainte, depuis Josué, le digne élu de Moïse, jusqu'à Judas Macchabée, dernier rempart d'une liberté expirante. On voit combien le génie de la philosophie influe sur les mœurs et la destinée d'un peuple, qui ne devient malheureux, et souvent esclave, que lorsqu'il s'écarte de la seule vraie loi de l'homme : l'*amour*. C'est l'abandon de l'idolâtrie pour le déisme, qui fit renaître et grandir la nationalité hébraïque ; mais c'est sa haine aveugle et impitoyable pour toute nation étrangère, qui amena sa décadence et sa chute.

Nous pourrions encore citer les Chinois, dont le *déisme* a fait le bonheur pendant des siècles ; les Perses, qui, élevés d'abord dans ce culte, et par suite dans la justice, dans la tempérance, dans les rudes travaux de l'art militaire, se couvrirent de gloire sous Cyrus, et devinrent tout à coup, par l'effet d'une éducation contraire, corrompus et lâches, autant qu'ils s'étaient montrés jadis vertueux et braves. Mais parlons plutôt des Grecs, leurs vainqueurs ; parlons aussi des Romains.

Les Grecs et les Romains, plus dignes d'admiration s'ils n'eussent pas eu d'esclaves, éveillèrent toujours nos sympathies ; car ils nous ont laissé d'immortels débris de leur gloire. Là sont les lettres, là sont les arts dans toute leur beauté ; là est le patriotisme dans toute sa grandeur. A Sparte et à Rome, l'éducation, toute philosophique et patriotique dès l'origine, était grave et austère : Sparte et Rome vécurent longtemps dans l'indépendance. A Athènes, l'éducation était trop libre, c'est-à-dire trop voisine de la licence en toutes choses : aussi Athènes, placée, comme par dérision, sous le patronage de Minerve, ne brilla qu'un moment. Mais elle fut la patrie d'une foule de grands hommes ; elle fut la cité des plaisirs et de la gloire ; et, plus tard, quoique vaincue, elle régna sur les nations par le droit du génie. C'était le génie de la philosophie s'affirmant lui-même, — au milieu de la corruption générale, — dans les lettres et les beaux-arts, dans la Science des sciences surtout, et donnant pour le salut du monde son premier martyr, digne précurseur de celui qu'attendait le Calvaire. Nous aimons l'Athénien : nous admirons un cœur spartiate, une âme romaine. Des éducations diverses durent produire divers effets sur les mœurs ; mais comme elles avaient pour base l'honneur et le patriotisme, elles enfantèrent des héros.

Nous autres Français, derniers vainqueurs des vieux Romains, nous avons recueilli ce noble héritage : le patriotisme et l'honneur. A qui le devons-nous ? Au génie de la philosophie : c'est lui, lui seul, qui a fondé la liberté, à l'insu même des despotes. Charlemagne ouvrit des écoles ; Louis-le-Gros commença l'affranchissement des communes ; Louis IX étendit leurs priviléges, résista au Pape, créa la Sorbonne, institua une bibliothèque publique ; Louis XI, le sombre et défiant Louis XI lui-même, fit venir des imprimeurs de Mayence, fut l'ami de Commines, écrasa l'hydre féodale, et jamais, dans l'ancienne monarchie, le peuple ne fut plus heureux que sous son règne ; François Ier, le Père des lettres, mais le barbare persécuteur des hérétiques, fonda le Collége de France, lorsque Calvin continuait l'audacieux Luther ; le faux *grand roi* Louis XIV ne dut toute sa gloire qu'au prodigieux élan qu'il donnait sans cesse, et avec une imprévoyance fort heureuse pour l'humanité, au droit de libre examen. Les écrivains qu'il protégea furent les disciples des libres penseurs de la Grèce et de Rome. C'est dans les écoles qu'ils étudièrent les ouvrages de ces illustres maîtres; c'est dans les écoles qu'ils puisèrent le goût du vrai et du beau, l'amour de la patrie et la mâle indépendance de la pensée. Boileau flagellait la sottise; Racine écrivait *Britannicus* et jetait le trouble dans la conscience des tyrans; Fénelon leur disait courageusement la vérité; enfin, pendant que Molière bafouait la gentilhommerie et démasquait Tartufe, Pascal, avec le fer chaud de son éloquence, stigmatisait au front le jésuitisme d'une indélébile flétrissure.

Depuis lors, la vague révolutionnaire, s'étendant de famille en famille, de province en province, de peuple en peuple, monta, monta toujours, comme une marée immense qui, à peine appréciable dans sa marche sourde et ascendante, devient tout à coup furieuse, irrésistible, universelle.

Tels sont les bienfaits du génie de la philosophie : il forma nos grands hommes, et c'est lui qui a régénéré le monde.

Osons le dire avec franchise : le christianisme, tel que l'ont fait les prêtres, — qui mettent toujours la foi avant la charité, le dogme avant la morale, — n'a rien de commun avec le christianisme de la divine légende. Qu'on ne parle donc plus de son influence sur les progrès de la civilisation : c'est un gros mensonge historique, dont témoignent dix-huit siècles d'ignorance, de servitude et de barbarie.

EXTRAIT DU IVme LIVRE QUI A POUR TITRE : *Influence du génie de la philosophie sur les religions.*

Aussi loin que l'on remonte dans la nuit des siècles, on voit le génie de la philosophie régner d'abord sans partage dans la raison humaine, pure émanation de la Raison éternelle, s'y obscurcir ensuite, s'y éteindre même en apparence, — puis renaître çà et là dans l'inviolable foyer de la famille, y grandir insensiblement, et dominer enfin, de toute la sublime hauteur du Vrai et du Beau, le génie superstitieux des cultes idolâtres, dont le dogme chrétien est une branche vainement niée par l'obscurantisme théologique.

Science, mère des sciences, je te salue ! C'est toi, le Verbe ; c'est toi, la vérité et la vie. Par toi s'affirment invinciblement l'âme qui pense, son libre arbitre et son immortalité. Devant ton grand livre, la nature, tout autre livre saint disparaît ; devant lui, comme de vains fantômes de la crédulité ou de la peur, s'évanouissent les faux mystères et les fraudes pieuses. Dès lors les guerres de religion cessent ; les bûchers du fanatisme s'éteignent ; la fraternité règne en souveraine au milieu des croyants les plus divers. Grâce à d'étonnantes découvertes dans le ciel et sur la terre, — de vrais miracles, ceux-là ! — les peuples voient s'accroître de siècle en siècle leur bien-être matériel, intellectuel et moral. O philosophie ! douce et vivifiante lumière ! ta progressive expansion sur le genre humain est elle-même le plus grand des miracles, la plus simple comme la plus éclatante preuve de ta puissance : du sein de l'humble foyer domestique, du fond même des impénétrables sanctuaires des temples, où une sacerdocratie orgueilleuse et intéressée te dérobait à tous les regards, tu es sortie, en tous temps et en tous lieux, triomphante et radieuse, éclairant, moralisant, affranchissant les peuples, et leur enseignant la Loi des lois : l'*amour*. — Ici, c'est Moïse, le glorieux traître aux mystères d'Egypte, qui, le premier, en déchire le voile et proclame l'existence d'un Être suprême et unique, Jéhovah, d'une morale unique, l'*amour*; dans l'Inde, c'est la même doctrine de l'amour, qui, par l'antique organe du grave auteur de l'*Ezour-Védam*, se pose hardiment en face de la séculaire superstition brahmanique et boudhique ; en Chine, c'est Confucius qui en fait la base d'une morale non moins pure que celle du futur Évangile lui-même ; en Grèce, c'est Socrate qui la proclame et meurt pour elle, en pardonnant à ses bourreaux et en consolant ses amis par un discours sur l'immortalité de l'âme, le plus éloquent et le plus sublime qui soit tombé des lèvres d'un sage. Chez les Juifs, asservis par les Romains ; chez les Juifs, profondément divisés par les sectes ; chez les Juifs, pleins d'une foi vaine en un Messie qui les délivre de la servitude par le glaive et de l'erreur par la voix de Dieu même, c'est le fils d'un pauvre charpentier qui s'annonce comme l'évangélisateur des peuples, leur prêche l'amour, rien que l'amour, et meurt, lui aussi, pour cette ineffable vérité de l'amour qui désormais changera la face du monde. Voilà bientôt dix-neuf siècles que dure ce grand travail de transfiguration religieuse et sociale : elle est à peine commencée pourtant. C'est que le *génie de la philosophie évangélique*, tenu sous le boisseau par les prêtres, — par le catholicisme surtout, la plus obscurantiste, la plus liberticide et la plus inhumaine des sectes, — n'a brillé que par éclairs dans la profonde et longue nuit du Moyen-âge, avant de briller d'un éclat immortel à la voix de Descartes, ce puissant propagateur du droit de libre examen. Mais pour bien comprendre l'irrésistible et salutaire influence du génie de la philosophie à travers les siècles, il faut le suivre pas à pas, depuis l'origine même de l'homme.

DEUXIÈME EXTRAIT DU IVme LIVRE

Le droit de libre examen est tellement inhérent à tout être intelligent et libre, que la Bible elle-même en proclame l'exercice dès l'origine de l'homme : oui, la Bible, qui, malgré les attaques des faux philosophes, — en tête desquels nous plaçons le très-spirituel, mais très-ignorant Voltaire, — e stera toujours, sauf quelques détails évidemment allégoriques, comme la plus simple et la plus vraie des histoires. N'est-elle pas d'accord avec la philosophie du bon sens, lorsqu'elle nous raconte que le premier usage de notre raison fut un acte de liberté? Sans doute la croyance qu'il y a un Dieu est le fondement de la sagesse; mais où a-t-on vu que Dieu ait imposé à l'homme ce précepte absurde et barbare : « Tu seras damné, si tu tombes dans l'erreur sur ma personne et sur mes attributs, toi que j'ai créé sujet à l'erreur et incapable de me comprendre? » D'après Moïse lui-même, il déclare que nous sommes responsables de notre conduite seule : « Si tu « *fais* le bien, tu seras récompensé; si tu *fais* le « mal, tu seras puni. » Toute la loi d'amour est là : il n'y en a point et il ne peut y en avoir d'autre. Cette aimable et très-claire loi, — la seule qui convienne à Dieu et à l'homme, — existait dans le cœur humain avant que Jésus l'enseignât et mourût pour elle. Il n'a fait que la mettre en lumière et la prêcher d'exemple par sa vie et par sa mort.

Dans l'histoire des dieux, il y a le point de vue astronomique et le point de vue légendaire : disons tout de suite que la plus morale des divines légendes est, sans contredit, celle du Christ. Mais a-t-il pu se croire un Dieu, lui qui disait en termes si précis et si clairs : *Pourquoi m'appelez-vous bon? Nul n'est bon que Dieu seul.* S'il croit être le *fils du*

Dieu vivant, comme nous le sommes tous par notre premier père, il n'aime pas moins à se dire le *fils de l'homme*, protestant d'avance contre le vote, non moins ridicule que téméraire, de l'immaculée conception. Comme descendant de David, il a pu se dire le Messie, du mot hébreu *Messiah*, — qui a la même signification que le mot grec Christ *(oint)*. On donnait ce titre aux rois, aux grands-prêtres, quelquefois même aux prophètes qui recevaient l'onction sainte. Mais la foi que Jésus enseigne n'est pas une foi dogmatique, indispensable au salut, puisqu'il ne la fait point figurer au nombre des fameuses *Béatitudes* et qu'il absout toutes les croyances, même celles des païens. Le mot *foi* n'a jamais dans sa bouche d'autre signification que celle-ci : « Croyez que la loi d'amour que je vous enseigne « est la vraie loi de Dieu, et qu'elle suffit pour le « salut. » Pour ne laisser aucun doute à cet égard, non-seulement il raconte la parabole du bon Samaritain, mais encore il dit de la Madeleine repentante : « Il lui sera beaucoup pardonné, *parce qu'elle a beaucoup aimé.* Le mystique auteur de l'*Apocalypse*, dont la signification astronomique n'est plus un mystère pour les théologiens instruits et de bonne foi, répondait toujours, dans sa vieillesse, aux païens et aux chrétiens qui le consultaient sur leurs devoirs : « Mes petits enfants, *aimez-vous les uns les autres : c'est toute la loi* et *cela suffit.* » Je cite l'auteur de la *Vie des saints*.

Comment ne pas croire à une interpolation en

lisant les lignes suivantes dans le seul évangéliste Matthieu : « Si votre frère ne vous écoute pas, dites-« le à l'Église ; et s'il n'écoute pas l'Église, regar-« dez-le comme un publicain et un païen ? » En d'autres termes, soyez intolérants ! soyez délateurs ! — Quel langage dans la bouche du plus doux, du plus tolérant des hommes ! Non, Jésus n'a pu prononcer de telles paroles : elles sont impossibles, parce qu'elles sont indignes de lui. Elles sont aussi impossibles que ce malheureux calembour, forgé par les indignes apôtres du dogme exclusif et per-« sécuteur : « Tu es *Pierre* et sur *cette pierre* je « bâtirai mon Église, et les portes de l'enfer ne « prévaudront point contre elle. »

Ah ! si le Christ revivait de nos jours, faux docteurs, mauvais prêtres, pharisiens modernes, plus égoïstes et plus hypocrites peut-être que ceux qu'il accablait de ses malédictions ! il vous dirait sans doute :

« Qu'avez-vous fait de cette loi d'amour que j'ai enseignée et pratiquée avec tant d'amour ? Qu'avez-vous fait du troupeau que le bon Pasteur vous a confié ? Au lieu de l'instruire dans une seule doctrine, *Dieu et la charité*, vous y avez semé la division ; vous lui parlez sans cesse de trois vertus, lorsqu'il n'y en a qu'une, et la plus belle des trois est, selon vous, la dernière ! Avant l'espérance même, cette pieuse aspiration vers le *Tout-Amour*, vous mettez la foi dogmatique, qui est presque toujours une erreur ; la foi dogmatique, au nom de laquelle vous jetez le trouble dans les consciences, la discorde dans les familles, dans les États et dans l'Église; la foi dogmatique, au nom de laquelle vous prêchez le mépris des biens de ce monde, qui font vos délices; la foi dogmatique, au nom de laquelle, avec vos délations, vos tortures et vos bûchers, vous fîtes de la terre un enfer mille fois plus horrible que celui de Satan, *ce malheureux qui n'a jamais aimé* (1)! Je vous le demande encore, hypocrites, race de vipères! qu'avez-vous fait du troupeau que le bon Pasteur vous a confié? — Si vous voulez trouver grâce devant Dieu, soyez comme lui pleins de miséricorde; pratiquez la charité et la tolérance universelles; venez en aide aux malheureux, sans vous enquérir de leurs opinions politiques ou religieuses; laissez tous les hommes qui ne croient pas ce que vous croyez vivre en paix dans la foi de leurs pères, priez pour eux quand ils meurent, et que la raison seule, aidée de la science, dissipe progressivement les ténèbres de l'erreur. Les cultes avec leurs mystères plus ou moins beaux, plus ou moins laids, ne sont que des *manières d'adoration*, et ils sont tous également respectables. En vérité, en vérité, je vous le dis: vous serez jugés par le grand Juge, non sur ce que vous aurez cru, mais sur ce que vous aurez fait.

(1) Ce mot est de sainte Thérèse. — Du reste, Satan n'est autre chose qu'une personnification de l'orgueil, de l'égoïsme et de la méchanceté des hommes.

Il n'y a qu'une vertu, l'amour, car c'est la seule vertu de Dieu : c'est parce qu'il aime, qu'il est juste; c'est parce qu'il aime, qu'il est infiniment miséricordieux. Oh ! elle est si profonde et si étendue, sa miséricorde, qu'il pardonnerait à Satan lui-même, si Satan purifiait et rachetait son âme par l'unique baptême et l'unique expiation possibles : *le Repentir*, cette sublime transfiguration de l'amour. Vous tous, croyants divers, aimez-vous donc les uns les autres; mais aimez-vous, en respectant les uns dans les autres le plus inviolable des droits de la conscience humaine : celui de penser et celui de croire. Quiconque ne pratique pas ainsi la loi d'amour, n'est pas un juste. »

TROISIÈME EXTRAIT DU IVme LIVRE

Les Miracles

I

Tous ceux qui ont vu les miracles et qui n'y ont pas cru furent excusables lorsqu'ils étaient de bonne foi : donc les incrédules de bonne foi qui ne les ont pas vus, le sont bien davantage; donc les miracles sont inutiles.

II

Le plus grand des miracles aux yeux des croyants vulgaires, c'est la résurrection d'un mort : mais ressusciter un mort est un miracle moins grand que de donner l'être à ce qui n'est pas et de perpétuer la vie par des germes successifs tout-à-fait inexplicables pour notre faible raison, tant ils sont eux-mêmes miraculeux! Donc Dieu n'a pu produire d'autres miracles que ceux qu'il produit tous les jours dans la nature; il ne l'a pu, parce qu'il ne peut y en avoir de plus grands. S'il le faisait, — ce qui est impossible, puisqu'il violerait ses propres lois, — il aurait aussi peu de bon sens qu'un prestidigitateur qui, pour donner une haute idée de son art, terminerait ses prodiges par les moins remarquables.

III

Demander à Dieu des miracles pour croire en lui, c'est lui dire que ceux dont nous sommes témoins depuis notre naissance jusqu'à notre mort, sont insuffisants: c'est donc lui faire injure, et c'est une impiété plus grande encore que d'accomplir soi-même des fraudes pieuses pour tromper le peuple.

IV

Toutes les religions ont eu leurs martyrs: donc des croyants aux miracles ont pu se faire tuer pour l'erreur; donc il est faux de dire d'une manière absolue, comme Pascal, que l'on doit croire des témoins qui se font tuer.

La Révélation.

I

Nous avons tous une raison faillible, c'est-à-dire une raison qui peut se tromper le plus sincèrement du monde : donc la foi est libre.

II

Qui cherche à me convaincre de la vérité d'une révélation ? Des raisons individuelles, faillibles comme la mienne. Qui est juge de ce qu'elles disent ? Ma raison individuelle : c'est elle seule qui *décide* que je dois croire ou ne pas croire ; donc il n'y a point, en matière de croyances, d'autorité supérieure à celle-là : donc la foi est libre, entièrement libre, et par conséquent une révélation divine est aussi absurde qu'inutile.

III

Les nombreuses religions qui se contredisent, prouvent que la foi la plus sincère est presque toujours une erreur, c'est-à dire un faux jugement tout-à-fait indépendant de la volonté de l'homme : donc la foi n'est pas une vertu ; donc elle n'est pas obligatoire, et l'autorité de l'Église n'est qu'une chimère.

La Morale chrétienne.

Cette morale n'est pas nouvelle, comme le prouvent les maximes des anciens sages. Du reste, il est faux que nous soyons redevables au chtistianisme du progrès des bonnes mœurs et de l'abolition de l'esclavage : après le triomphe de la croix par l'épée de Constantin, la corruption, devenue bientôt générale, augmenta de siècle en siècle, et envahit même la cour papale; les monarchies les plus chrétiennes eurent des serfs, et il n'y a pas longtemps que nous avions encore, dans les deux mondes, la traite des nègres. Seul, le génie de la philosophie a mis un terme aux affreux *scandales publics* des cléricaux, étouffé le monstre de l'inquisition, brisé les chaînes de la servitude, proclamé les droits de l'homme au nom de la justice et de l'amour.

Du Baptême forcé.

Une des plus grandes aberrations de l'esprit humain est d'avoir pu souffrir qu'un être intelligent et libre fût baptisé malgré lui, puisqu'il l'est dès sa naissance! Il est évident que l'Eglise l'a voulu ainsi *par politique*, c'est-à-dire avec la conviction qu'il y aurait fort peu de chrétiens, si le baptême était libre. A-t-on le moindre doute à cet égard? Qu'elle en fasse l'épreuve.

But politique et immoralité de la Confession.

Le but exclusivement clérical et dominateur de la confession est moins douteux encore que celui du baptême forcé. Sous le voile d'un secret, — qui d'ailleurs n'est pas toujours inviolable, quoi qu'on en dise, — le prêtre exerce un ascendant presque irrésistible sur la famille, et quelquefois sur la société tout entière (1).

La mystérieuse immoralité de *la chose* est facile à dévoiler par une simple question : Pourquoi les femmes sont-elles beaucoup plus nombreuses aux confessionnaux que les hommes? C'est par la raison toute simple que, si les hommes étaient confessés par des femmes, ils iraient en foule à elles, et surtout aux plus jolies. Voyez aussi la curieuse affluence des Madeleines peu repentantes aux confessionnaux des jeunes prêtres, et le ton léger, badin même, avec lequel plus d'une avoue ses préférences. Que de fausses prudes y jouent sans pudeur et sans foi une indigne comédie! Mais que d'innocentes jeunes filles initiées au mal par des questions indiscrètes, ou corrompues par des propos diaboliques! C'est aux pères et mères qui n'ont pas perdu le sens commun de protester contre le maintien d'une institution aussi peu chrétienne. Quant aux maris non encore victimes d'un Tartufe, ou qui du moins ne croient pas l'être, qu'ils prennent sagement conseil des nombreux Orgons qui le deviennent ou qui le furent. Autrefois le clergé de tous les ordres, — sans en excepter les plus hauts dignitaires de l'Église, les cardinaux surtout, — se déshonoraient par d'effroyables scandales publics, et quand

(1) Les confesseurs des rois, par exemple.

la révolution française y mit bon ordre, cela durait depuis plus de quatorze siècles. De nos jours il n'est pas plus chaste; mais il s'ingénie à les cacher, ces scandales, sous le masque hypocrite le plus impénétrable. Si par hasard, du front même des plus pieux scélérats, le masque tombe, qu'arrive-t-il? — On rit, et la morale..... est satisfaite.

A ce perpétuel débordement des mœurs cléricales, — dont l'impérieuse nature, violée dans ses droits, est la vraie cause, — il n'y a qu'un remède : qu'on marie les prêtres et qu'on abolisse la confession.

Inutile de dire que nous ne confondons pas les bons prêtres avec les mauvais : nul n'est plus digne de respect et d'estime qu'un bon prêtre, quand il est bon citoyen avant tout.

Du reste, la confession auriculaire n'existait pas, ou du moins n'était pas obligatoire, dans la primitive Église; la communion était quotidienne et générale. Le prêtre absolvait tous les fidèles du pied de l'autel, et avant de se retirer, hommes et femmes se donnaient dans le lieu saint le baiser de paix. Ce baiser, tout fraternel, devint un abus : on le supprima. Ainsi devrait-on faire, pour tous les abus.

*Simple remarque sur l'*HISTOIRE VÉRITABLE DES TEMPS FABULEUX, *par l'abbé Guérin-du-Rocher, et sur l'*ORIGINE DE TOUS LES CULTES, *par Dupuis.*

Si le docte abbé avait eu autant de clairvoyance

que d'érudition, il n'aurait pas perdu son temps à écrire de gros volumes pour offrir aux incrédules une arme invincible contre lui : c'est, du reste, le reproche que lui ont fait de savants ecclésiastiques. Il veut démontrer que l'histoire ancienne de l'Egypte est une reproduction, sous des faits *analogues* et des noms différents, de l'histoire primitive des Hébreux : mais le digne homme ne s'aperçoit pas que Moïse lui-même l'avait réfuté d'avance d'un mot, en nous apprenant, fort heureusement, qu'il fut *instruit dans la science des Égyptiens*. S'il y a eu plagiat historique,— chose invraisemblable en beaucoup de points, selon nous, — c'est donc Moïse seul qui est le coupable. Ce grand législateur, dont l'histoire personnelle a des rapports frappants avec celle de Bacchus, sauvé des eaux comme lui, fonda parmi les Hébreux la religion du Déisme, qui était celle des initiés aux mystères sacrés de l'Egypte, et ne conserva du culte idolâtre que des symboles dont l'astronomie nous donne la clé.

Les théologiens de bonne foi qui ont lu l'*Origine de tous les cultes*, par Dupuis, ne doutent point assurément que le Christ ne soit le soleil, — ce Christ qu'on adora longtemps!, non sous l'image d'un homme crucifié, mais sous *la forme unique* de l'agneau, qui est, comme le bœuf Apis, l'un des signes du zodiaque; ils ne doutent pas non plus que la Sainte-Vierge Marie, — que l'on représente avec un petit enfant au bras comme l'antique déesse païenne Isis, ou bien debout sur un croissant et le front surmonté d'une auréole d'étoiles, — ne soit tantôt la lune, tantôt la Vierge des constellations. Cette Vierge-là est bien l'*immaculée*, lorsqu'elle apparaît sur l'horizon le 25 décembre et donne naissance, pour ainsi dire, au Dieu du *jour*, précisément à l'époque où les *jours* croissent. Les trois mois d'hiver ou de mort de la nature sont les trois jours pendant lesquels le Dieu reste dans le tombeau, pour ressusciter au printemps et *renouveler la face de la terre : Et renovabit faciem terræ*. L'Assomption de la Vierge du zodiaque ne s'explique pas moins clairement que l'Ascension *précédente* de son divin fils, lorsqu'elle vient d'atteindre, au 15 août, sa plus grande hauteur dans le ciel. Enfin, quoi de plus clair que l'inexplicable Trinité, dont le fameux triangle de feu est un symbole qui se perd dans la nuit des temps? Il n'y a en Orient que trois saisons de quatre mois chacune ; de là, trois soleils qui n'en font qu'un : celui du printemps, celui de l'été, celui de l'hiver qui se confond avec l'automne. Ces trois dieux portent des noms différents ; et dans l'Occident, où il y a quatre saisons, mais où furent adorés, de temps immémorial, les dieux de l'Orient, on compte : Apollon, le soleil du printemps, qu'on représente pour ce motif plein de jeunesse et de beauté ; Jupiter, le soleil de l'été, qu'on représente armé de la foudre, parce que c'est la saison des orages ; Pluton, le soleil de l'hiver ou le dieu des morts, parce que la nature est morte en effet.

On sait que le mot Pâques signifie *passage* : or, précisément à l'époque où fut fondée la religion du Christ sous le symbole de l'*Agneau*, le soleil avait *passé* du signe du Taureau dans celui du Bélier. C'est ce passage, lors de la résurrection de la nature, qu'on célèbre en fêtant le soleil-Christ ressuscité.

Allons, messieurs les chrétiens, un peu moins d'entêtement dans votre christianisme, qui n'est qu'un paganisme déguisé, et un peu plus de bon sens ou de bonne foi. Si vous n'avez pas lu Dupuis, lisez-le, sans écouter vos mystiques éteignoirs de toute lumière civilisatrice, les cléricaux : tous vous trompent, soit par ignorante conviction, soit par esprit de caste ou par calcul.

EXTRAIT DE *Paul et Marie* (1), ÉPISODE DU IVme LIVRE.

A ce digne apôtre, plein de tolérance et de foi, le jeune philosophe répondit en ces termes :

J'ai écouté attentivement votre long sermon, et je vous assure qu'il m'a paru court, tant il est vrai que vous prêchez bien ! Ce qui ajoute un prix infini à vos préceptes, c'est que vous y joignez l'exemple :

(1) Ce petit roman est un plaidoyer en faveur de la tolérance universelle, comme la *Nouvelle Atala* en est un en faveur du mariage des prêtres.

loin d'être égoïste, tracassier, injuste, vous êtes plein de désintéressement, de mansuétude et d'équité dans l'exercice de vos fonctions apostoliques. Orthodoxes, protestants, philosophes, vous nous regardez tous du même œil, c'est-à-dire d'un œil fraternel. Vous êtes indulgent pour nos défauts, parce que vous savez que tout homme a les siens, et que les justes eux-mêmes pèchent au moins *sept fois par jour*. Vous ne conservez point de rancune contre les personnes dont vous avez sujet de vous plaindre. Enfin, vous ne commettez jamais l'impiété de regarder comme des impies les bons Samaritains qui ne croient pas ce que vous croyez, mais qui remplissent consciencieusement, charitablement leurs devoirs sociaux : et vous tenez à honneur de pratiquer la charité comme eux. — C'est que vous avez le cœur trop droit et l'esprit trop élevé pour confondre le culte avec la religion, les actes de dévotion avec les actes de vertu. Les cultes passent, et la religion demeure ; les cultes sont divers, et la religion est une, universelle, car elle n'est autre chose que la morale, c'est-à-dire la connaissance et la pratique de nos devoirs envers Dieu, envers nos semblables et envers nous-mêmes. Dieu est meilleur et plus juste que ne le font nos modernes pharisiens et nos faux docteurs de la Loi : il y aura beaucoup d'élus et très-peu de damnés, parce qu'il ne nous demandera pas compte de nos croyances, mais de nos actes. Toutes les erreurs, surtout en matière de foi, sont excusables à ses yeux : nous tenons de lui-même une raison faillible, et il ne pourrait sans injustice nous rendre responsables des conséquences de cette imperfection; mais nos actes contre le devoir sont sans excuse, lorsqu'ils dépendent de notre volonté. L'homme véritablement religieux ne doit obéir, sous peine d'être hypocrite, qu'à sa conscience : il n'est pas hypocrite quand il respecte la foi d'autrui, quand il prie avec la même ferveur dans un temple idolâtre, juif, mahométan ou chrétien. Dieu entend toujours la prière du cœur, en quelque lieu qu'on la fasse, et il serait à désirer qu'il n'y eût sur la terre qu'un seul temple où tous les hommes pussent s'assembler fraternellement pour y prier, chacun selon sa conscience, le Père commun des hommes.

La religion est tout entière dans un précepte, le seul qu'ait voulu nous donner le disciple chéri du plus sage d'entre les sages : *Aimez-vous les uns les autres.* Oui, aimons-nous les uns les autres, quelles que soient nos croyances religieuses ou politiques et nos conditions sociales : alors nous pourrons dire que nous avons observé toute la loi de Dieu.

OBSERVATION IMPORTANTE

Voltaire et J.-J. Rousseau.

Par ces divers extraits, on a pu juger de la grandeur de notre œuvre au double point de vue religieux et social. Puisant notre force dans un sincère amour du Vrai, du Bien et du Beau, nous opposons le génie universel et civilisateur de la philosophie au génie étroit, liberticide et obscurantiste du christianisme dogmatique, — vieux paganisme transformé, qui se cache depuis des siècles sous le voile de la poésie et de l'éloquence. Mais nous ne marchons sur les brisées de personne, et à ceux qui nous prendraient pour un disciple du faux philosophe et très-mauvais citoyen Voltaire, il nous suffit de répondre par une citation non équivoque de notre Étude (1) sur la plus illustre et la plus calomniée de ses victimes :

« Quand on étudie à fond le caractère de cet « homme, on a presque le regret d'être forcé d'ad« mirer son talent. Quoi de plus triste, je le de« mande, que de le voir calomnier et persécuter

(1) *La vérité sur J.-J. Rousseau.*

« dans l'ombre un rival de génie; profaner dans un « poème immonde la plus pure de nos gloires na- « tionales; pousser l'oubli de tout patriotisme jus- « qu'à une basse adulation du vainqueur de Ros- « bach? Peut-on se défendre d'un profond senti- « ment de dégoût en voyant ce grand prince de la « littérature française causer sans le moindre re- « mords, par la dénonciation calomnieuse d'un fait « dont il était seul coupable, l'emprisonnement et « la ruine du très-honnête éditeur Jore, père de fa- « mille, et avoir à subir, en dépit des plus hautes « protections et des plus honteuses manœuvres « de police, la peine, — déshonorante alors, — de « cinq cents livres d'aumônes; prendre l'air d'un « vieux poussif moribond pour enfler outre mesure « des titres de rente viagère, puis, quand ce vilain « tour d'escroc est joué, se redresser gaillard et plus « rajeuni que jamais; spéculer hypocritement, au « nom de *l'humanité*, sur la traite des nègres (oui, « messieurs les voltairiens démocrates, sur la traite « des nègres !), et gagner dans cet infâme com- « merce des sommes énormes; enfin, se jouer cons- « tamment de Dieu et des hommes, sans avoir « même le courage de ses œuvres.

« Mais voici le comique mêlé au sérieux : Mon- « sieur le philosophe, tout fier de sa gentilhomme- « rie de fraîche date, signe un beau jour : *comte de* « *Tourney*, au grand ébahissement de Frédéric « lui-même, tranche du haut et puissant seigneur « dans ses terres, et ne parle qu'avec un suprême

« dédain du pauvre peuple, non moins indigne, « selon lui, d'instruction que de ménagement.

« Ladre et dur pour ses serviteurs, — qu'il ne « craint pas d'exposer pour lui, et à leur insu, « quand un grave danger se présente, — il aime « néanmoins à faire des actes de bienfaisance, mais « rarement sans intérêt ou sans ostentation : et « lorsqu'il affecte de prendre avec retentissement la « défense des victimes du fanatisme religieux, c'est « par un fanatisme philosophique pire encore; c'est « de plus avec la certitude que *Monsieur le philoso-« phe gentilhomme ordinaire de la chambre du roi* « n'a rien à craindre.

« Et l'on propose d'élever à cet affreux singe de « la philosophie une statue, — au grand soleil, en « pleine place publique !.... Mais c'est une insulte « à l'honneur, à la morale, à la tolérance elle-« même.

« Eh bien! j'ose le prédire : elle tombera un jour, « cette statue, devant le mépris public; oui, la pos-« térité juste et vengeresse le démasquera et le « maudira, comme je le démasque et le maudis, ce « faux grand homme : tandis que J.-J. Rousseau, « le vrai grand homme, le sincère apôtre de la « Providence, le bienfaiteur secret des pauvres et « des souffrants, l'intrépide défenseur des droits de « l'homme, grandira de siècle en siècle dans l'a-« mour, l'estime et l'admiration des peuples. Ils « n'oublieront jamais que c'est à un homme du « peuple, devenu leur tribun en plein despotisme

« par le droit du courage civil et de l'éloquence, qu'ils « doivent l'égalité devant la conscience et devant la « loi : je dis devant la conscience, parce que, grâce « au *Vicaire savoyard*, la foi religieuse est devenue « libre dans la plupart des constitutions, en atten- « dant qu'elle le devienne dans tous les cultes.

« Aux idolâtres admirateurs de Voltaire, je n'ai « plus qu'un mot à dire : non, vous ne l'estimez « pas ! car il est impossible d'être honnête homme « et d'estimer un tel homme. — Ah ! c'est un si « grand écrivain ! — D'accord. Mais il est indigne « de sa gloire : il a forfait à l'honneur du génie. »

Tout esprit impartial qui connaît Voltaire nous rendra cette justice que nous avons dit la vérité, rien que la vérité. Un dernier trait achèvera de le peindre : tandis que le bon et honnête Jean-Jacques, au lieu de rendre injures pour injures, parle en toute occasion avec éloge de son rival de gloire, celui-ci ne recule point devant l'acte de scélératesse le plus exécrable : sous le voile de l'anonyme, et au nom même du christianisme qu'il a combattu toute sa vie, ce lâche hypocrite appelle sur l'auteur d'*Émile*, — qu'il signale comme un *romancier impie*, comme *un vil séditieux*, — toute la vengeance des lois ; il demande qu'on lui applique la peine *capitale* ; et, pour atteindre son but, il publie ce vœu horrible comme étant l'expression du *Sentiment des citoyens* de Genève (1) !....

(1) On peut lire cet ignoble et homicide pamphlet, le *Sentiment des citoyens*, dans une édition quelconque des œuvres complètes de Voltaire.

Ne pouvant brûler l'homme, on brûla le livre.... par la main du bourreau.

Ce que nous allons dire du grand homme persécuté sera lu peut-être avec un intérêt d'autant plus vif que sa complète justification a toujours paru chose impossible, principalement au point de vue du caractère et des mœurs. Ne nous arrêtons pas à de petits vols commis dès l'enfance, et dont il s'accuse comme saint Augustin : parlons de ses faiblesses de cœur, et de ses fautes, beaucoup plus graves, de père (1) :

« Malgré des tentations de tout genre, inséparables d'une vagabonde existence, et grâce à une timidité charmante qui est presque une vertu, il demeure vierge jusqu'à l'âge des passions vives et folles. C'est alors que, par un sentiment de pudeur d'une délicatesse exquise, il ne partage qu'à regret la couche de cette jeune et séduisante femme qui est devenue pour lui une seconde mère. Un tel sentiment rend excusable, en quelque sorte, l'indiscrète obligation qu'il s'imposa plus tard de tout dire, pour se peindre fidèlement lui-même. C'est une grosse tache sans doute dans les délicieuses pages qui ont immortalisé les Charmettes : mais il y aurait bien peu de personnes vertueuses, si l'on refusait la vertu à toutes celles qui ont failli, ou qui succombent après le repentir. Grâce à la prévoyante nature,

(1) Ce qu'on va lire est un *extrait abrégé* de notre Étude inédite sur le caractère et les mœurs de J.-J. Rousseau.

cette volupté, même illégitime, est la seule que, dans l'ivresse des sens, on se permette sans remords : s'il en était autrement, le besoin de l'éprouver serait trop faible et le monde se dépeuplerait. Voilà pourquoi il n'est point de faute que le doux Jésus pardonne plus volontiers, quand elle ne devient pas un crime contre l'enfance : c'est que la divinité elle-même, en nous donnant des instincts aussi impérieux, s'est rendue en quelque sorte notre complice dans l'usage illégitime que nous en faisons. Oh ! comme les âmes vulgaires sont injustes ! Comme elles sont méchantes, cruelles, impitoyables ! Un fait entre mille : quand de dignes prêtres, à bout de luttes solitaires et poignantes contre l'inexorable empire de la nature, ont un moment, un seul moment d'oubli du plus difficile de leurs devoirs, tout le monde, excepté les vrais justes, leur jette la pierre ; et pourtant ils sont plus malheureux que coupables, car cette faute est moins leur faute que celle de la règle barbare qui leur défend d'être hommes. Du reste, le célibat obligatoire n'a jamais été un article de foi : il ne se trouve ni dans le décalogue, ni dans le symbole des apôtres, ni dans les commandements de l'Église. Espérons, pour l'honneur de l'humanité et pour le maintien de la sainteté du sacerdoce, qu'il disparaîtra un jour, avec l'immorale *confession*, devant le philosophique bon sens d'un concile, — si toutefois un tel bon sens est possible.

« On reproche au philosophe de Genève, comme

indigne de lui, un de ses actes les plus méritoires. A trente ans, Jean-Jacques, le plus passionné des hommes; Jean-Jacques, qui aimait tant les femmes brillantes, de parure, de jeunesse et de charmes, prend tout à coup une résolution vraiment digne d'un sage : il se donne pour compagne une fille d'auberge de vingt-deux ans, une lingère, Thérèse Levasseur, dont il a conquis l'amour en la protégeant contre les impudentes agaceries de quelques abbés et autres jeunes fous, leurs commensaux. Elle fut toujours, quoi qu'on en ait dit, une personne très-estimable. Sa simplicité même la rendait digne d'être la compagne du plus simple des hommes.

« Lecteurs, que vous en semble? Pour la vertu de continence, le philosophe genevois, malgré quelques faiblesses incontestables, n'est-il pas supérieur à Socrate aimant le jeune Alcibiade ou instruisant la *courtisane* Théodote et ses pareilles dans l'art de séduire; à Platon ayant pour maîtresse la *courtisane* Archéanasse; au grave Aristote devenant amoureux-fou de la *courtisane* Herpillys, qui lui fit croire qu'elle l'avait rendu père; à saint Augustin lui-même, continuant de s'abandonner aux plus affreux désordres jusque bien avant dans l'âge mûr et lorsqu'il était déjà chrétien de cœur? Soyons justes : qui des sages de la Grèce ou de l'inséparable ami de Thérèse a montré le plus de sagesse? Qui a été ici le plus vertueux, ou le débauché qui devint un grand saint, ou le philosophe qui ne fut que cela : un philosophe? — Si ce n'est pas une vertu très-rare que de s'attacher pour la vie, et avec désintéressement, à une femme peu attrayante, qui n'a d'autre mérite que celui d'être honnête, qu'est-ce donc? Il faut être bien aveuglé par le préjugé ou par l'esprit de parti pour faire honte à la mémoire de Rousseau d'une conduite qui lui fait le plus grand honneur. Aussi le disait-il lui-même : *Si c'est là ce qu'on appelle de la débauche, je m'en honore.*

« Oh ! je m'attends bien à ce qu'on va me répondre : Mais ses enfants, qu'il dit n'avoir point *exposés à la porte d'un hôpital ou ailleurs*, qu'en a-t-il fait ?

« Il a fait moins mal que saint Augustin, qui abandonne sans motif la pauvre jeune mère de son fils Adéodat, pour épouser une autre femme, violant ainsi la loi de la nature autant que celle de la religion. Jean-Jacques, lui, assure à ses enfants le pain et l'éducation *qu'il ne peut leur donner lui-même.* Il attache un signe au bras du premier, dans l'espoir qu'une aussi douloureuse séparation ne sera pas éternelle; mais ses infortunes toujours croissantes et le peu de moralité des parents de sa compagne, qui étaient alors à sa charge, lui imposent successivement le sacrifice des quatre autres à leur naissance. Ils étaient tous *illégitimes*, remarquons-le bien : c'est une chose importante que beaucoup de personnes ignorent ou feignent d'ignorer. Or, quand un homme d'honneur a l'honneur d'une jeune femme sous sa sauvegarde et l'horrible perspective de ne pouvoir élever que dans le vice et la misère les enfants qu'il a eus d'elle, cet homme n'est-il pas moins blâmable d'avoir recours à la pieuse et maternelle sollicitude des sœurs de charité, que de se marier scandaleusement, comme saint Augustin, après l'indigne abandon de leur mère ?

« Un père légitime lui-même, forcé par l'indigence de mettre clandestinement ses enfants à l'hôpital, est-il flétri par l'opinion lorsque sa faute est reconnue ? On ne l'excuse pas, on le plaint, et personne n'aurait le courage de lui dire : Tu n'es qu'un père dénaturé.

« Mais ne sont-ils qu'à plaindre, ceux qui, à l'exemple du *vertueux* abbé de Saint-Pierre, et de tant d'autres vénérables personnages, ont des enfants naturels de *plusieurs femmes*, sont assez riches pour les élever eux-mêmes, et secrètement les font élever par d'autres sans les reconnaître ? Combien les abandonnent, sans s'inquiéter de leurs besoins présents ni de leur avenir ? Ces gens-là sont nombreux dans tous les temps, et dans tous les rangs de la société ; le plus souvent on les connaît, et loin de perdre l'estime du monde, ils y trouvent des complaisants pour applaudir à leurs honteuses fredaines. Quant à ce malheureux Jean-Jacques, qui pousse le courage de la franchise jusqu'à l'aveu de ses fautes les plus graves et les plus ignorées, c'est autre chose : on n'a pas de termes assez durs et assez infâmants pour le punir de cet acte si noble d'abnégation et de repentir. Qui les emploie, ces termes ? — Un Grimm, le plus fardé et le plus roué des Lovelaces ; un Diderot, le romancier obscène, le correspondant plus obscène encore de Mlle Voland ; un Voltaire, que *Sodome eût banni*, suivant l'énergique expression de Joseph de Maistre.

« Pour en finir sur le triste chapitre des enfants, écoutons l'infortuné père lui-même :

« L'exemple, la nécessité, l'honneur de celle qui m'était « chère, d'autres puissantes raisons me firent confier mes « enfants à l'établissement fait pour cela et m'empêchèrent « de remplir moi-même le premier, le plus saint des de- « voirs de la nature. En cela, loin de m'excuser, je m'ac- « cuse ; et quand ma raison me dit que j'ai fait dans ma « situation ce que j'ai dû faire, je l'en crois moins que « mon cœur, qui gémit et me dément. »

« Après avoir fait ressortir en quelques mots l'injustice et la perfidie de ceux qui *ont cherché à tirer de son caractère une faute qui fut l'ouvrage de son malheur*, il fait ce terrible appel à leurs consciences :

« Ah ! que ces hommes si sévères aux fautes d'autrui « rentrent dans le fond de leurs consciences et que cha- « cun d'eux se félicite, s'il sent qu'au jour où tout sans « exception sera manifesté, lui-même en sera quitte à « meilleur compte ! »

« Il achève de les confondre par ces paroles si pieuses et si résignées :

« La Providence a veillé sur mes enfants par le péché « même de leur père. Eh Dieu ! quelle eût été leur des- « tinée, s'ils avaient eu la mienne à partager ? Que se-

« raient-ils devenus dans mes désastres ? Ils seront ouvriers « ou paysans : que n'ai-je eu le même bonheur ! Je rends « du moins grâces au Ciel de n'avoir abreuvé que moi des « amertumes de ma vie et de les en avoir préservés. J'aime « mieux qu'ils vivent du travail de leurs mains sans me « connaître, que de les voir avilis et nourris par la traî« tresse générosité de mes ennemis, qui les instruiraient « à haïr, peut-être à trahir leur père : et j'aime mieux « cent fois être ce père infortuné qui connaît la faute et « et qui la pleure, que d'être le méchant qui la dévoile, « qui la révèle, l'étend, l'amplifie, l'aggrave avec la plus « maligne joie ; que d'être l'ami perfide qui trahit la « confiance de son ami, et qui divulgue, pour le diffamer, « le secret qu'il a versé dans son sein. »

« Quand on s'accuse soi-même comme le fait Rousseau dans cette page émouvante, on est plus que justifié devant les hommes et devant Dieu : on est un juste.

« Une chose bien remarquable, qui témoigne d'une haute vertu, d'une véritable grandeur d'âme, c'est le langage constamment digne que le philosophe genevois oppose aux grossières insultes de ses ennemis ; c'est sa foi inébranlable en la Providence au milieu des plus longues et des plus cruelles persécutions qui aient jamais tourmenté la vie d'un sage. S'il lui arrive une fois, une seule fois, de dire à Voltaire : *Je vous hais*, on sent qu'une telle parole, arrachée par la douleur bien plus que par la haine, s'adresse à l'injustice et non à l'homme, — à cet homme lâche et perfide qu'il voudrait avoir sujet d'aimer autant qu'il admire son génie. Rien de plus beau et de plus touchant que cette âme honnête, si fière devant les grands, si dédaigneuse de la fortune, et pourtant si vite brisée par la douleur de ne voir autour d'elle, jusque dans les êtres les plus chers, qu'égoïsme, mensonge et trahison. Ceux qui l'ont diffamé pendant sa vie et après sa mort eurent tous de méchants motifs pour le faire : de pareils juges sont récusables devant le tribunal de l'opinion publique. C'est d'après eux pourtant que les critiques du dix-neuvième siècle, — sans en excepter un seul, — ont jugé le philosophe genevois : ils se sont rendus ainsi les complices, volontaires ou involontaires, de tous les forbans de sa gloire.

« MM. Villemain et Saint-Marc-Girardin nous le représentent comme fou d'orgueil : toutes les personnes qui ont eu des relations intimes avec lui et qui ont voulu être impartiales, affirment qu'il était aussi simple que modeste. Les orgueilleux vulgaires, tels que les Grimm, les Diderot, les Morellet et les Marmontel, se reconnaissent à deux vices abominables : l'égoïsme et l'envie. Or, Jean-Jacques Rousseau, qui ne connaissait point l'envie, ne connut pas davantage l'égoïsme : témoin les secours qu'il envoyait à Mme de Warens et à sa vieille tante maternelle, lorsqu'il était lui-même dans la plus grande gêne ; témoin encore ses vives inquiétudes sur ce que deviendrait Thérèse après lui. Voilà l'homme auquel M. de Barante refuse jusqu'au *sentiment du devoir!* Le digne archevêque de Paris était bien plus équitable, car il louait ses vertus, même après l'écrasante et superbe réponse que l'on sait.

« Partout il s'est fait bénir des malheureux, à l'Ermitage, à Montmorency, à Mottiers-Travers, à Woton, à Paris et à Ermenonville. Qui l'a dit? Les pauvres. Ceux-là ne sont point menteurs; ils ont protesté par leurs larmes et leurs bénédictions contre les calomnies des méchants : car, pour eux, il se privait de beaucoup de choses, le bon Jean-Jacques! M. de Saint-Germain l'a vu, et il l'atteste.

« Son désintéressement est inouï : sans autre ressources que des copies de musique et une rente des plus modestes, il refuse une pension du roi de France, et plus tard les arrérages, s'élevant à six mille trois cent trente-six livres, de celle que lui faisait le roi d'Angleterre et qu'il avait acceptée à contre-cœur.

« Sa conduite envers ses plus cruels ennemis étonne à force d'être magnanime : il en dit du bien, les excuse toujours un peu quand il est obligé d'en dire du mal, et ne répond que par un langage ferme et digne, ou par le silence, aux calomnies les plus atroces.

« Si cette charité, ce courage, ce désintéressement, cette abnégation, cette grandeur d'âme, ne sont pas des vertus, je demande aux plus sages philosophes et aux meilleurs chrétiens ce qu'ils entendent par ce mot : vertu.

« Ceux qui ne veulent voir dans le plus vertueux philosophe du dix-huitième siècle qu'un esprit fou d'orgueil et de renommée, paraissent mal comprendre ce pur sentiment du beau, qui ne saurait exister sans l'amour du vrai, du bien, et qui est la passion des grandes âmes. — Qu'est-ce que la gloire? C'est la récompense accordée par l'opinion publique de tous les siècles à la parfaite expression du beau dans l'ordre physique, intellectuel et moral. Michel-Ange faisant jaillir de sa pensée le plus sublime monument de l'univers; Jean-Jacques Rousseau écrivant la sublime profession de foi du *Vicaire savoyard;* d'Assas mourant pour son pays d'une mort sublime, ont exprimé le beau dans toute sa grandeur, dans toute sa vérité, et ils ont eu leur récompense : la gloire. De tels hommes ne sont point, dans la vulgaire acception du mot, des orgueilleux : si l'héroïsme de la vertu est fier de lui-même, c'est par le plus humble et le plus noble de tous les sentiments, — l'amour de l'humanité; et si le génie se contemple, s'admire, s'adore dans son œuvre, c'est comme Dieu, qui, ayant créé le monde, trouva que cela était bon.

« Voilà comment les grands esprits et les grands cœurs aiment la gloire. Le véritable roi du dix-huitième siècle, c'est bien Jean-Jacques : il en a été le bon génie; Voltaire n'en fut que le démon, et c'est à lui surtout, l'implacable étouffeur de tout sentiment religieux dans les âmes, que l'on doit reprocher les crimes de notre Révolution. Ceux qui en ont voulu rendre responsable l'auteur du *Vicaire savoyard* et du *Contrat social,* ne songent pas que c'est imputer au Christ lui-même les horribles conséquences du fanatisme chrétien.

« Quant à la supériorité du génie, elle appartient encore au philosophe genevois : unité de doctrine, amour du vrai et du bien, grandeur de vues, éloquence, on trouve tout cela dans ses œuvres. Voltaire n'est ni un philosophe ni un homme politique : c'est un railleur prodigieusement spirituel et un écrivain éminemment correct. Il excelle au théâtre, mais il y est plus brillant que naturel, et n'égale pas Racine. Ses poésies légères sont en général pleines de goût. Il écrit bien l'histoire, quand il veut. Toutefois les nombreuses bévues qu'il a commises sur les récits bibliques font peu d'honneur à son érudition.

« Il y a des degrés dans le génie, comme il y en a dans le talent : j'assigne le premier rang à Jean-Jacques Rousseau ; le second à Montesquieu, parce qu'il a toute la profondeur du philosophe de Genève, sans avoir son éloquence ; le troisième à Buffon, cet admirable peintre de la nature, et le quatrième à Voltaire. Ainsi jugera sans doute une postérité *mieux* instruite, plus impartiale. »

UN MOT

SUR LA GUERRE ET SUR LA RÉPUBLIQUE.

I

Guerre à outrance! écrivions-nous, le 28 octobre, à M. Gambetta, lorsqu'il était question d'acheter la paix à prix d'argent. — A l'heure suprême où nous sommes, on doit dire : Mettons à profit toutes les lumières ; que tout amour-propre s'efface devant l'intérêt public. Les organes de la presse doivent donner l'exemple, au lieu de subir, comme sous l'Empire, l'influence du Pouvoir, de la camaraderie, ou des intérêts exclusivement personnels. Voici une excellente chose proposée par M. Michel Brun, simple garde national de notre ville : il pense avec raison que la meilleure école du soldat est le champ de bataille, et qu'avant de l'y conduire, l'exercice fréquent du tir n'est pas moins indispensable que l'étude des manœuvres à exécuter au signal du clairon et du tambour. M. Jacques Schmid, citoyen de Genève, très-habile tireur lui-même et engagé volontaire pour la France, est de cet avis, — que nous soumettons à qui de droit : peut-être finira-t-on par se convaincre que l'on perd en d'inutiles exercices un temps précieux dans les villes, et jusque dans les *camps d'instruction*.

M. Michel Brun croit aussi que des forts échelonnés sur les deux rives de la Seine jusqu'à son embouchure, et à des distances convenables les uns des autres suivant les lieux, auraient pu mettre notre capitale assiégée en état de s'approvisionner toujours de munitions et de vivres. C'est une bonne chose à exécuter après la paix, dès que le Trésor public pourra faire face annuellement à une partie de la dépense.

Nous insistons de nouveau sur le plan d'invasion en Allemagne que nous soumîmes au ministère de la guerre avant le départ de Garibaldi pour les Vosges. L'exécution immédiate de ce plan nous semble plus que jamais opportune, avec les forces imposantes qu'on laisse inactives dans les villes et dans les camps : cette inactivité refroidit l'enthousiasme et occasionne à l'État d'énorme dépenses quotidiennes en pure perte.

On remarquera d'ailleurs que nos armées de la Loire et de l'Est continueraient alors leurs opérations avec infiniment plus de chance de succès. Qu'on envoie cent cinquante ou deux cent mille hommes à Garibaldi avec ordre d'exécuter notre plan, et avant peu il fera son entrée victorieuse dans Berlin. C'est d'une invasion en Allemagne que dépend peut-être le salut de la France.

II

La République est et sera toujours, malgré les monarchistes qui la calomnient et les insensés démocrates qui la déshonorent, le dernier mot de la civilisation, parce qu'elle a pour base la fraternité universelle et pour but le bien-être matériel, intellectuel et moral de tous les citoyens. On peut donc prédire avec assurance que les progrès de l'instruction primaire et religieuse dans les masses fera comprendre un jour à tous les peuples de l'univers qu'il n'existe point de meilleur gouvernement, et que les monarchies non électives sont des éléments perpétuels de discorde et de tyrannie : en effet, sont-elles autre chose, — je le demande à tous les publicistes de bonne foi, — que l'hérédité des ambitions, des inaptitudes et des vices ? Ils sont si rares, les bons et grands princes ! Nier cela, c'est nier l'histoire. Nos prétendus légitimistes le savent ; ils en ont sous les yeux une preuve épouvantable entre mille, et ils osent appeler encore *l'aveugle hasard* de la naissance un *droit divin !* On peut leur répondre : Non, vous n'êtes pas légitimistes, car vous voulez tout ce qu'il y a de plus illégitime en réclamant l'application d'un principe contraire, d'après l'expérience de tous les siècles, à la paix et au bonheur de la vie sociale. Les vrais légitimistes, ce sont les vrais républicains : ils ne veulent d'autre règne que celui de la justice, qui est le règne de l'égalité devant la loi et le fraternel concours des facultés individuelles au bonheur de tous. Laissez donc là vos utopies monarchiques, si fatales aux peuples, et ralliez-vous franchement au seul vrai droit, — au droit divin de la démocratie, car la *voix du peuple, c'est la voix de Dieu.*

Quelle est la cause de l'effroyable guerre actuelle ? N'est-ce pas l'ambition *exclusivement personnelle* de deux souverains ? L'un des deux n'est-il pas un héritier régnant par le prétendu droit de naissance ? Et s'il n'est point le plus incapable et le plus lâche, n'est-il pas le plus perfide et le plus barbare, comme tant d'autres *légitimes* oppresseurs et ravageurs de nations ?

Voyez la différence entre les deux peuples : A un ennemi sans pitié et sans foi, qui ne respecte pas même les ambulances et fait du drapeau des parlementaires un instrument de sa perfidie ; qui traite indignement les prisonniers, bombarde les pieux asiles de l'éducation et de la bienfaisance, fusille ou pille les populations sans armes, en brûle d'autres ou les jette pieds nus sur la neige, enterre les blessés avec les morts, viole les femmes et les enfants, nos dignes soldats de la République opposent une générosité constante et sublime, un courage héroïque et invincible.

Grands et immortels sont les peuples libres qui préfèrent la mort à la honte : vils et déjà morts sont les peuples esclaves qui, pour *obéir* à leur *maître*, prétendent tuer un peuple libre. Mais, patience !

ils ressusciteront, ces morts, au souffle puissant, vivifiant, irrésistible, de l'*Idée* républicaine : Idée sainte qui fera le tour du monde. Après son universel triomphe, les peuples jouiront enfin d'une paix durable, parce que tout motif de la troubler, aura disparu. On ne les verra jamais se battre avant d'avoir consulté les mères. Au brutal équilibre des forces et des intérêts succèdera le loyal et bien plus ferme équilibre des fraternités internationales.

FRAGMENT

DE LA

SATIRE DU DIX-NEUVIÈME SIÈCLE

La *Satire du dix-neuvième siècle*, dont nous allons reproduire la seconde partie, qui a un rapport direct avec nos observations actuelles sur le cléricalisme, le jésuitisme et le danger des congrégations enseignantes, obtint, dès son apparition, un véritable succès : la presse libérale de Paris et de la province fut presque unanime à reconnaître que nous avions frappé juste.

Nous ne citerons que les lignes suivantes publiées, le 30 décembre 1860, par M. J.-B. Gaut, poète et publiciste des plus distingués; nous prouverons ainsi qne la critique, lorsqu'elle est consciencieuse, ne nous est pas moins agréable que l'éloge :

« Gilbert, le célèbre martyr de la poésie, avait « écrit la *Satire du dix-huitième siècle*, où il fla- « gelle, avec les lanières de Juvénal, les vices de « son époque. M. Alciator vient de publier la *Satire* « *du dix-neuvième siècle*, qui, dès son apparition, « a obtenu un grand succès de vente. Ce succès est

« justifié par l'énergie avec laquelle l'auteur s'atta-
« que de front à la société, déchire ses voiles men-
« songers et montre à nu les plaies qui la rongent.
« Son indignation vertueuse, — *indignatio fecit*
« *versus*, — ne connaît pas l'art des tempéra-
« ments et dit les choses et les faits par leur nom
« véritable,

Appelle un chat un chat, et Rolet un fripon.

« Le poète passe en revue toutes les institutions
« et tous les types vicieux ou ridicules de nos jours,
« et les marque du fer rouge de ses vers. Il désha-
« bille les turpitudes et les hontes sociales, pour
« stigmatiser ces lèpres trop souvent cachées sous
« des dehors menteurs. Il arrache le voile de la
« fausse dévote, fouette Tartuffe avec sa propre dis-
« cipline, flétrit les misérables roueries de nos
« don Juan de comptoir ou d'estaminet, met Har-
« pagon sur le pilori de ses écus, bafoue la sottise
« de nos Jourdain et de nos parvenus de tout aca-
« bit. Il poursuit de sa vindicte poétique les critiques
« ignares qui remplacent le jugement par l'injure,
« les publicistes dont la conscience vénale est au
« plus offrant et dernier enchérisseur, les empoi-
« sonneurs littéraires laissant distiller l'immoralité
« de leur plume trempée dans la fange. M. Alcia-
« tor ne recule pas même devant les sommités,
« et ses traits hardis vont atteindre leur but sur cet
« Olympe de l'Académie, où plus d'une nullité
« sonore, plus d'une ambition remuante se drape

« en vain dans les nuages, derrière une immortalité « éphémère et de faux aloi. La *Satire du dix-neu-* « *vième siècle* est une œuvre de courage et d'ini- « tiative, une razzia morale poussée, à fond de « train, à travers les mille et une sottises contem- « poraines et les mêlées de vices qui pullulent au « milieu de nous ni plus ni moins qu'aux époques « antérieures. Elle sera comprise et appréciée par « tous les cœurs droits et toutes les âmes honnêtes. « Mais notre impartialité nous force à dire, avec les « esprits justes et amis du beau, que cette publica- « tion, digne au fond de tous les éloges, laisse à « désirer sous le rapport de la forme. La versifica- « tion en est parfois d'un négligé peu sévère. Le « style ne perdrait rien à être remis, de temps en « temps, dans l'épurateur. La Muse, en cherchant « à imiter les crudités tolérées par le latin de Perse, « qui lui sert de modèle, effleure la trivialité et s'as- « simile des choses que l'atticisme, la pruderie de « notre langue, si vous voulez, ordonne de dissimu- « ler sous un euphémisme bien entendu. L'auteur « comprendra ces réserves légitimes de la part de « la critique et fera disparaître judicieusement, à « une seconde édition, les défectuosités légères qui « déparent son poème. »

Joseph Méry disait que la *Satire du dix-neuvième siècle* est l'*œuvre d'un vrai poète*, et un professeur au Collége de France, M. Geruzez affirmait que, dans la deuxième partie surtout, l'auteur est *vraiment poète et moraliste.*

SECONDE PARTIE

DE LA

SATIRE DU DIX-NEUVIÈME SIÈCLE.

LES BONS APOTRES

I

Muse de la Vertu, Muse qui crois en Dieu,
Satire! arme ton fouet de lanières de feu:
Frappe sur la gent fourbe et bassement dévote.

Ma foi, quoi qu'on en dise, elle n'est pas si sotte,
Et nous pourrions citer plus d'un humble mortel
Menant joyeuse vie à l'ombre de l'autel.
L'abbé *Masque* en est un. Les soins du sacerdoce
L'inquiètent fort peu, surtout quand il endosse
L'habit bourgeois : alors... alors... on ne sait trop
Où ce loup déguisé va faire le Guillot (1).
La paresse... il l'adore! et pour elle, sa ruse
Des plus sacrés devoirs incessamment abuse.
Ne vous fiez pas trop à son humilité :
Patelin et rampant devant l'autorité,
Ailleurs ce pharisien, Epicure en soutane,
N'est docile qu'à table et boit comme un profane.

(1) Allusion au Guillot de La Fontaine.

Le saint homme pourtant ! quel esprit et quel cœur !
Dans ses moindres discours quelle aimable candeur !
Partout vous n'entendez qu'un concert de louanges,
Et chaque paroissien le met au rang des anges;
Mais ce scribe béni, si doux et si savant,
Au bon temps d'autrefois vous eût brûlé vivant.

II

Un ministre du Christ est un homme sublime,
Quand c'est la charité qui l'éclaire et l'anime;
Quand il est sobre, chaste, et qu'il donne en tout lieu
L'exemple des vertus que lui prêche son Dieu.
Son rêve est d'approcher de ce divin modèle;
A sa loi tolérante il se montre fidèle;
Il sait que toute Foi, dans les faibles mortels,
Est chose respectable, et qu'au pied des autels
Toute prière est bonne à qui porte en son âme
De l'amour du prochain l'inaltérable flamme.
Mais qu'un saint prêtre est rare ! — Et qu'il serait surpris,
L'apôtre bien-aimé, de voir si mal compris
Le précepte : *Aimez-vous !* — Que de fois, je le jure,
N'ai-je pas entendu ces mots : « La bonne cure !
« Elle donne par an d'assez beaux revenus,
« Un casuel qui vaut dix mille francs, et plus. »
Oui, tel est leur langage impie et prosaïque
Dans la maison de Dieu, transformée en boutique.

« *Aimez*, nous dit ce Dieu, soyez homme de bien :
« A ce titre j'absous le juif et le chrétien.

« Mais je ne puis souffrir ces haines ténébreuses
« Que soufflent dans les cœurs des doctrines menteuses.
« Sages, à vous le ciel; dévots, à vous l'enfer!
« A vous l'hypocrisie et son masque de fer;
« A vous ces regards faux, ces grimaces stupides
« Qui cachent trop souvent des passions sordides;
« A vous ces vains semblants d'amour, d'humilité,
« Car vous n'aimez que l'or. — Qu'est donc la charité?
« Est-elle le trafic des choses les plus saintes?
« Est-elle ce tissu de ruses et de feintes,
« Forgé par vos docteurs pour éluder les lois,
« Pour égarer le peuple et séduire les rois?
« Est-elle cet orgueil, ce zèle téméraire
« Qui vous fait sans pitié condamner votre frère?
« Ne vous y trompez pas : des païens, des Indous,
« Quand ils savent aimer, m'adorent mieux que vous. »

Du Dieu du genre humain voilà le vrai langage :
Lui seul est le Dieu juste et parfaitement sage.

Suivez, suivez de l'œil ce grand prédicateur :
Qu'il paraît humble et doux!... Oh! le digne pasteur!
Comme il a l'air modeste! et comme sa parole
Pleine de charité, vous touche, vous console!
Mais savez-vous de quoi son cœur vain est touché?
C'est quand on dit tout haut : Comme il a bien prêché!

Tel prélat qui milite à grands frais d'éloquence,
De la mitre au chapeau veut franchir la distance :
Cet orgueilleux dompteur de l'esprit infernal
En sera-t-il plus saint, s'il devient cardinal?

Plus d'un prêtre guerrier foule aux pieds sa défroque,
Contre la papauté prêche d'une voix rauque,
Et prenant d'une main le sabre ou le poignard,
De l'autre un crucifix, se bat comme un grognard (1).

Quel est donc ce mortel à la face fleurie,
Si bruyant quand il dort, si béat quand il prie?
— C'est lui, c'est l'abbé *Truffe!...* un allègre friand,
Qui mange en buvant bien et sermonne en riant.

Et cet autre mortel, charmé de sa personne,
Jeune, espiègle, adoré, qui jase ou papillonne
Et rappelle si bien l'immortel perroquet (1),
Le reconnaissez-vous? — Oui, c'est l'abbé *Coquet.*

III

Ah! que nous sommes loin des mœurs des anciens âges!
Les apôtres du Christ ont fait place aux faux sages,
Et la foule crédule, ainsi qu'un vil troupeau,
Leur livre, obéissante, et son âme et sa peau.

Que de moines ventrus! ô race fainéante,
Dont le moindre défaut est d'être mendiante!

(1) Les journaux religieux eux-mêmes ont parlé des prêtres qu'on a vus dans les rangs de l'armée du héros italien à l'époque de notre guerre contre l'Autriche, et nous voyons dans la guerre actuelle contre la Prusse des trappistes et des curés prendre héroïquement les armes au nom de Dieu et pour la patrie.

(2) Vert-Vert.

Autre dérision : telle société (1)
Qui fait sonner bien haut sa grande charité,
Oublie en vous jetant, pauvres, sa mince obole,
Du bon Samaritain la sainte parabole.
Dans ce monde hypocrite — où l'ordre est si parfait ! —
On dénature tout, jusqu'au nom du bienfait.
Ah ! qu'ils gardent pour eux leur insultante aumône !
Quand la main gauche sait ce que la droite donne, (2)
— Jésus même l'a dit, — on est des imposteurs
De charité : maudits sont l'œuvre et leurs auteurs.

Vous rencontrez parfois de ces saints imbéciles (3)
Qui sur les mœurs d'autrui se montrent difficiles,
Et qui jadis... vraiment, c'est à faire rougir
Satan lui-même : aussi, vous les voyez agir
Comme des libertins qu'a frappés d'impuissance
Le monstrueux abus de leur adolescence.

Ailleurs, que voyons-nous ? C'est un sexe charmant
Qui cajole un abbé, comme on fait un amant.

(1) Dans le bulletin de la *Société de Saint-Vincent-de-Paul*, février 1860, page 34, on lit cette étrange déclaration : « Nous « sommes nos premiers pauvres, et c'est à nous-mêmes que nous « devons la première aumône de notre charité. »

(2) Quand Jésus a dit que la main gauche ne devait pas savoir ce que la droite donne, il a voulu dire qu'on doit pratiquer la charité sans ostentation, et surtout ne pas s'informer si les malheureux à qui on la fait sont de votre religion ou en remplissent les devoirs : la sublime parabole du Samaritain en est la preuve. Or, les sociétés dites de bienfaisance font généralement le contraire, et elles appellent cela de la *charité intelligente !*

(3) Nous ne parlons ici que des laïques.

On est aux petits soins auprès du saint compère;
On lui graisse la patte en lui disant : *Mon père !*
On lui porte un bouillon, même au confessionnal,
Et quand il tousse un peu..., c'est un deuil général.
Le pauvre homme (1) ! qui sait ce que Dieu lui réserve !
S'il venait à mourir !... Ah ! que Dieu le conserve !

Cela n'est que plaisant : mais voici le portrait
De la mère *Bigot*, dessiné trait pour trait.

J'ai connu quelque part une affreuse marâtre,
A l'œil terne, au front bas, au visage de plâtre,
Criarde comme un geai, rampante comme un ver,
Méchante comme un diable échappé de l'enfer,
Et laide... à faire fuir. — Lorsque sa bouche s'ouvre,
Un vaste râtelier devant vous se découvre.
Son museau de macaque est toujours grimaçant,
Même quand il sourit. Observez en passant
L'effet de son menton : c'est un cadran solaire;
Un nez droit, long, pointu, quand le soleil l'éclaire,
Semble y marquer le temps. De la tête à l'orteil,
Son corps maigre et ridé n'eut jamais son pareil :
C'est une sale peau sur des os. Son échine
Forme l'arc. Vous diriez, à voir cette machine
A vieux ressorts, que c'est un squelette ambulant,
Tant elle est grêle, usée, et son pas chancelant !

Si son corps est hideux, son âme est un mystère.
Non, jamais on ne vit plus méchant caractère

(1) Mot de Molière dans *Tartuffe*.

Caché sous des dehors plus dévots : il faut voir
Comme elle se connaît à remplir son devoir
Ou d'épouse ou de mère ! Et comme sa malice
D'une adorable enfant prolonge le supplice !
Humble et douce au grand jour, elle est tigre en secret;
Je sais tout, j'ai tout vu : mais loin d'être discret,
Puisse mon vers vengeur te démasquer au monde,
Vieux Tartuffe en jupon ! Puisse ton cœur immonde
Se consumer d'envie en voyant seulement
Le mérite de ceux dont tu fais le tourment !

IV

Muse, dévoile-nous ces esprits de ténèbres,
Par leurs pieux exploits devenus si célèbres.

Voici comment parlait avant Quarante-huit
Un de ces doux renards, fils obscurs de la nuit :

« Frères, écoutez-moi : je suis un bon jésuite ;
« Mais prenez avant tout, prenez de l'eau bénite,
« Et faites lentement un long signe de croix,
« Pour chasser le démon qui troublerait ma voix.

« Frères, mon saint patron est cet illustre Ignace
« Qui dans tout l'univers a su marquer sa trace.
« Pour subjuguer les cœurs, fasciner les esprits,
« Vous le verrez bientôt, notre règle et sans prix.
« Rendre la vie aimable et la vertu commode,
« N'est-ce pas pour le sage un admirable code ?

« Faire de l'homme fier un *cadavre*, un *bâton* (1),
« Lui donner la douceur d'un stupide mouton,
« N'est-ce pas étouffer la dangereuse flamme
« Que l'Ange de l'orgueil alluma dans notre âme ?
« N'est-ce pas surpasser les plus grands potentats,
« Si novices dans l'art d'asservir les États ?

« De notre habileté voici tout le mystère :
« Pour gagner les enfants, nous enchaînons la mère.
« Déjà nous sommes forts ! déjà le confesseur,
« Des secrets de famille exclusif possesseur,
« Pour nourrir des dévots l'ardent prosélytisme,
« Fait jouer les ressorts de notre jésuitisme.
« Il menace, il corrige, il flatte un pénitent,
« Le surveille, le suit, ne perd pas un instant.
« Il a pour triompher des armes meurtrières :
« Ce sont de froids discours, d'éternelles prières
« qui pèsent sur l'esprit comme un sommeil de plomb.

« Voyez agir le prêtre, admirez son aplomb,
« Quand il joue avec art le rôle de nos Pères :
« Les diables, à sa voix, tremblent dans leurs repaires.
« Il est sobre... en public, grave, pieux, discret ;
« Sans paraître y toucher, il surprend un secret,
« S'en empare, l'exploite, et sa ruse subtile
« Dans *les bonnes maisons* doucement se faufile.
« C'est ainsi qu'il est roi ! c'est ainsi qu'en sa main,
« Comme un Dieu sur la terre, il tient le cœur humain.

(1) *Perindè ac cadaver et baculus.*

« Vous ne pouvez plus fuir sa pieuse tutelle,
« Car vous serez damné, si vous êtes rebelle.
« Comment ne pas subir le saint joug de la Foi,
« Lorsqu'un prêtre vous dit : *Dieu parle, croyez-moi?*
« Oh ! ne raisonnez point ! Raisonner est un crime :
« Celui qui veut comprendre est bien près de l'abîme.

« Croyez, frères, croyez : la Foi, pour l'esprit fort,
« N'est rien; mais songez-y, le doute, c'est la mort :
« C'est le suicide affreux de notre intelligence.
« Cette fière raison qui gouverne la France,
« Qu'a-t-elle fait pour Dieu ? Qu'a-t-elle fait pour nous ?
« On nous siffle, on nous hait : — Ah ! nous sommes si doux !

Le père Roothan (1) n'est-il pas un digne homme,
« Lui qui marche l'égal du Saint-Père dans Rome ?
« C'est un homme rusé, mes frères ! sachez bien
« Qu'en cédant aux plus forts il ne leur cède rien.
« On le craint, lui jésuite, et c'est ce qu'il demande.
« Notre Société se lèvera plus grande,
« Quand d'étourdis Français, par leur légèreté,
« Auront anéanti la sotte Liberté.

« Vivre libre, grand Dieu ! mais c'est une infamie :
« Le Jésuite au pouvoir tend une main amie;

(1) Il était encore, lorsque parut la première édition de cette satire, *Général* des jésuites. Il mourut peu de temps après et fut remplacé par le père Beck, dont l'empereur d'Autriche actuel a été l'élève.

« Il est humble, rampant, et c'est pour mieux régner.
« Quand la force lui manque, il sait se résigner,
« Car il pourra toujours par un vaste espionnage
« Enchaîner les esprits et conjurer l'orage.
« Ah ! vous nous méprisez !... Vous nous mettez dehors !...
« Nous vous tuons sans bruit, et vous nous croyez morts !
« Notre Ordre est immortel : que la tempête gronde,
« Il brave la tempête et domine le monde.

« Frères, en commençant, ne vous ai-je pas dit :
« *Je suis un bon Jésuite?...* et vous m'avez maudit !
« Vous ne savez donc pas quelle morale pure
« Prêchent nos Escobars au clergé qui murmure ?

. . . .
. . . .
. . . .
. . . .

« Tout vous est pardonné, quand vous dites : Je crois !
« Ce précepte jadis faisait trembler les rois.

« La règle de notre Ordre, austère en apparence,
« Sur la faiblesse humaine a fondé sa puissance.
« Abuser saintement de la crédulité,
« Flatter les passions, surtout la vanité,
« Voilà tout son secret. — Grande, forte est l'Église,
« Quand notre Général la gouverne à sa guise.

« Nos Pères ont trouvé des préceptes charmants
« Pour violer en paix les saints commandements.

« Désirez-vous mentir, quand votre bouche n'ose ?
« Dites *oui*, dites *non*, en pensant autre chose.

. . . .

« Ne vous effrayez pas, lorsque d'un trait vainqueur
« L'amour en souriant a percé votre cœur :
« Aimez, mais en songeant à notre bonne mère ;
« L'amour s'épure alors. Au lieu d'être éphémère,
« Il grandit chaque jour sous le regard de Dieu,
« Et de chastes pensers en modèrent le feu.

« Sainte Vierge Marie ! ô ma bonne maîtresse !
« Jusqu'au seuil du tombeau garde-nous ta tendresse.
« Nos cœurs, tu le sais bien, sont plus purs que le jour !
« En te voyant si belle, ils se pâment d'amour.
« Entends nos chants sacrés, entends ces douces choses
« Que nous t'adressons tous dans la saison des roses ;
« Entends nos cris de joie et nos soupirs brûlants ;
« Nous sommes tes dévots, tes gardiens, tes amants :
« Oui, nous sommes heureux de t'aimer, ô Marie !
« Le bonheur d'un Jésuite aux Anges fait envie.

« Vainement le sophiste, avec ses beaux discours,
« De nos brillants succès croit arrêter le cours :
« En ruses d'Escobar notre règle est féconde :
« Quoi qu'en dise Pascal (1), elle vaincra le monde.

« Rois, priez le Seigneur ; vous, peuples, à genoux !
« Que vos fronts orgueilleux se courbent devant nous.

(1) L'auteur des *Provinciales*.

« Mais vous, du jésuitisme ardents missionnaires,
« Vous si sages, si gais, si francs, si débonnaires,
« Vous qui ne connaissez que la table et l'autel
« Et dont l'heureux destin trompe plus d'un mortel,
« Chers disciples d'Ignace et de la Sainte-Vierge,
« A notre grand Patron allez brûler un cierge ! »

Il dit : Tous les dévots, avec leurs cous tendus
Et penchés de côté, restèrent confondus.

V

Eloquents écrivains (1), votre tâche était belle!
La plume de l'histoire est une arme mortelle
Pour ces vils Escobars, pour ces dévots menteurs,
De la saine morale effrontés destructeurs,
Et qui, jésuitisant mères, garçons et filles,
Boulcvcrscnt l'État et troublent les familles.
Vous l'avez mise à nu, l'affreuse vérité
Que cachait dans son sein l'antre d'iniquité.
Sous vos terribles coups s'agitent ces reptiles;
Mais craignons leur audace et leurs ruses subtiles.

Pourquoi, faisant les morts, sont-ils encor puissants?
C'est qu'ils font pour grandir des efforts incessants;
C'est que leurs bataillons, dont le chef est à Rome,
Toujours au même but marchent comme un seul homme;

(1) Michelet et Quinet.

C'est que dans nos cités ils se glissent sans bruit,
Comme ce triste oiseau qui vole dans la nuit.

Mais on admire en vous la fierté souveraine
Du génie : — A sa voix qui charme, étonne, entraîne,
Dans vos cœurs généreux on sent battre un seul cœur
Qu'électrisent les noms de Patrie et d'Honneur.

Pour moi, soldat obscur de la philosophie,
A venger son drapeau j'ai dévoué ma vie.
Comme l'esquif suivant le brick audacieux,
Je marcherai de loin sur vos pas radieux;
Je chanterai l'amour au milieu de l'orage;
Je chanterai la gloire et le bonheur du sage :
Ami de la justice et de la vérité,
Je serai ton apôtre, ô sainte humanité!

ERRATA

Page 56, ligne 14, au lieu de : *les plus nombreux sur ce monde,* lisez : *les plus nombreux en ce monde.*

Page 108, ligne 20, au lieu de : *la réputation l'intégrité,* lisez : *la réputation d'intégrité.*

Page 124, ligne 2, au lieu de: *e stera toujours,* lisez : *restera toujours.*

TABLE DES MATIÈRES

MARSEILLE. — Typ. et Lith. CAYER ET Cie, rue Saint-Ferréol, 57.

www.ingramcontent.com/pod-product-compliance
Ingram Content Group UK Ltd.
Pitfield, Milton Keynes, MK11 3LW, UK
UKHW020248250726
13967UKWH00004B/1571